"十四五"职业教育国家规划教材
中等职业教育改革创新示范教材
● 中等职业学校酒店服务与管理类规划教材 ●

西餐与服务

（第 2 版）

■ 汪珊珊 主编　■ 刘 畅 副主编

清华大学出版社
北京

内 容 简 介

随着我国酒店业日新月异的改革与发展，西餐饮食文化与西餐服务已渗透到我国现代饮食文化之中。本书以模拟工作情境的形式明确学习目标，涵盖了领略西餐文化、西餐酒会服务、西餐自助餐宴会服务、西餐宴会服务、西餐厅服务等内容。本书体例上按照学习单元的顺序展开，以信息页的编写形式引领知识、技能和态度，让学生在完成相关任务的过程中学习相关知识、体验岗位技能、培养职业态度，逐步形成职业道德与职业意识的规范，以进一步提高综合职业能力，并有效促进教、学、做合一。

本书已入选"'十四五'职业教育国家规划教材"，既可作为中职院校师生的教材，也可用作餐饮服务人员的岗位培训教材，同时对旅游业和其他服务性行业人员及相关人士亦有一定的参考价值。

本书封面贴有清华大学出版社防伪标签，无标签者不得销售。
版权所有，侵权必究。举报：010-62782989，beiqinquan@tup.tsinghua.edu.cn。

图书在版编目(CIP)数据

西餐与服务 / 汪珊珊 主编 . —2 版 . —北京：清华大学出版社，2019（2025.1重印）
(中等职业学校酒店服务与管理类规划教材)
ISBN 978-7-302-51974-4

Ⅰ. ①西… Ⅱ. ①汪… ②刘… Ⅲ. ①西式菜肴—餐馆—商业服务—中等专业学校—教材
Ⅳ. ① F719.3

中国版本图书馆 CIP 数据核字 (2018) 第 295527 号

责任编辑：王燊娉　张雪群
封面设计：赵晋锋
版式设计：方加青
责任校对：牛艳敏
责任印制：沈　露

出版发行：清华大学出版社
　　　　网　　址：https://www.tup.com.cn，https://www.wqxuetang.com
　　　　地　　址：北京清华大学学研大厦A座　　邮　编：100084
　　　　社 总 机：010-83470000　　邮　购：010-62786544
　　　　投稿与读者服务：010-62776969，c-service@tup.tsinghua.edu.cn
　　　　质 量 反 馈：010-62772015，zhiliang@tup.tsinghua.edu.cn
印 装 者：三河市人民印务有限公司
经　　销：全国新华书店
开　　本：185mm×260mm　　印　张：8.75　　字　数：180 千字
版　　次：2011 年 8 月第 1 版　　2019 年 4 月第 2 版　　印　次：2025 年 1 月第 9 次印刷
定　　价：49.00 元

产品编号：080465-03

丛书编委会

主　　任：田雅莉
副 主 任：邓昕雯　林　静　汪珊珊
顾　　问：俞启定　许　宁
成　　员：杨秀丽　姜　楠　郑春英　王利荣　王冬琨
　　　　　龚威威　荣晓坤　高永荣　徐少阳　王秀娇
　　　　　赵　历　孙建辉　姚　蕾

丛书序

以北京市外事学校为主任校的北京市饭店服务与管理专业委员会，联合了北京和上海两地12所学校，与清华大学出版社强强联手，以教学实践中的第一手材料为素材，在总结校本教材编写经验的基础上，开发了本套《中等职业学校酒店服务与管理类规划教材》。北京市外事学校是国家旅游局旅游职业教育校企合作示范基地，与国内多家酒店有着专业实践和课程开发等多领域、多层次的合作，教材编写中，聘请了酒店业内人士全程跟踪指导。本套教材的第一版于2011年出版，使用过程中得到了众多院校师生和广大社会人士的垂爱，再版之际，一并表示深深的谢意。

中国共产党第二十次全国代表大会报告强调，要"优化职业教育类型定位"，"培养造就大批德才兼备的高素质人才，是国家和民族长远发展大计"。近年来，酒店业的产业规模不断调整和扩大，标准化管理不断完善，随之而来的是对其从业人员的职业素养要求也越来越高。行业发展的需求迫使人才培养的目标和水平必须做到与时俱进，我们在认真分析总结国内外同类教材及兄弟院校使用建议的基础上，对部分专业知识进行了更新，增加了新的专业技能，从教材的广度和深度方面，力求更加契合行业需求。

作为中职领域教学一线的教师，能够静下心来总结教学过程中的经验与得失，某种程度上可称之为"负重的幸福"，是沉淀积累的过程，也是破茧成蝶的过程。浮躁之风越是盛行，越需要有人埋下头来做好基础性的工作。这些工作可能是默默无闻的，是不会给从事者带来直接"效益"的，但是，如果无人去做，或做得不好，所谓的发展与弘扬都会成为空中楼阁。坚守在第一线的教师们能够执着于此、献身于此，是值得被肯定的，这也应是中国职业教育发展的希望所在吧。

本套教材在编写中以能力为本位、以合作学习理论为指导，通过任务驱动来完成单元的学习与体验，适合作为中等职业学校酒店服务与管理专业的教材，也可供相关培训单位选作参考用书，对旅游业和其他服务性行业人员也有一定的参考价值。

这是一个正在急速变化的世界，新技术信息以每2年增加1倍的速度增长，据说《纽约时报》一周的信息量，相当于18世纪的人一生的资讯量。我们深知知识更新的周期越来越短,加之编者自身水平所限,本套教材再版之际仍然难免有不足之处,敬请各位专家、同行、同学和对本专业领域感兴趣的学习者提出宝贵意见。

2022年12月

前 言

随着我国酒店业日新月异的改革与发展,西餐饮食文化与西餐服务已渗透在我国现代饮食文化之中。《西餐与服务(第2版)》在编写中,以党的二十大报告中提出的"加快建设国家战略人才力量,努力培养造就更多大师、战略科学家、一流科技领军人才和创新团队、青年科技人才、卓越工程师、大国工匠、高技能人才"的思想为引领,遵循《国务院关于大力发展职业教育的决定》提出的"以服务为宗旨,以就业为导向"的教育教学指导思想,突出以酒店行业需求为基础,体现行动导向教学设计的理念,满足学习者职业生涯发展的需要。

本书通过完成领略西餐文化、西餐酒会服务、西餐自助餐宴会服务、西餐宴会服务和西餐厅服务5个单元的学习与体验,以真实的、具体的实际工作任务为引领,让学生在完成工作任务的过程中学习相关知识、体验岗位技能、培养职业态度,逐步形成职业道德与职业意识的规范,以进一步提高综合职业能力,并有效促进教、学、做合一。

本书在体例编排上按照学习单元的顺序展开,各学习单元的内容结构具有一致性。其中,信息页呈现学习内容的结构,有利于学生自主学习;任务单能够帮助、引导学生主动参与教学全过程,并便于学生进行学业的自我评价,充分体现以能力为本、促进学生发展的评价观。同时,为方便学生学习,本书录制了相关视频(关注口罩细节、了解酒会席间场景、奶酪知识等),供操作参考,相应内容可以到http://www.tup.com.cn网站下载。

本书已入选"'十四五'职业教育国家规划教材",既可作为中职院校师生的教材,也可用作餐饮服务人员的岗位培训教材,同时对旅游业和其他服务性行业人员及相关人士亦有一定的参考价值。

建议本书总学时为36课时,其中,单元一6课时、单元二4课时、单元三4课时、单元四10课时、单元五12课时。

本书由汪珊珊任主编,刘畅任副主编,负责全书的统稿和修改。本书单元一由姚蕾编写,单元二由高永荣编写,单元三由汪珊珊、刘畅编写,单元四由孙纯编写,单元五由李敏编写。

本书在保持第1版风格的基础上，在一些方面作了修改与升级。在此，对本书的修订出版给予热情鼓励的同行、朋友们，一并表示诚挚的谢意！书中的问题和不足在所难免，企望大家谅解！

编　者

2023年7月

目 录

单元一　领略西餐文化

任务一　西餐知多少 ·· 2
活动一　了解西餐 ·· 2
活动二　熟悉西餐礼仪 ··· 4
任务二　西餐的主要菜式 ·· 8
活动　了解西餐菜式 ·· 8
任务三　西餐的服务方式 ·· 11
活动　了解西餐服务方式 ·· 11
任务四　西餐菜单 ·· 14
活动一　了解西餐用餐习惯 ·· 14
活动二　了解西餐菜单的种类 ·· 15
任务五　认识西餐餐具 ··· 20
活动　了解西餐餐具的种类与使用 ··· 20

单元二　西餐酒会服务

任务一　酒会知识 ·· 28
活动一　了解酒会基本知识 ·· 28
活动二　熟悉酒会服务方案 ·· 29
任务二　酒会设计 ·· 33
活动一　了解酒会的场地设计 ·· 33
活动二　熟悉酒会的菜单设计 ·· 34
活动三　了解酒会的酒水设计 ·· 36

任务三　酒会服务	40
活动一　熟悉酒会服务的准备工作	40
活动二　熟悉酒水服务	41
活动三　熟悉酒台服务	42
活动四　熟悉食品服务	42
任务四　酒会结束工作	44
活动　学习酒会结束工作	44

单元三　西餐自助餐宴会服务

任务一　自助餐宴会的策划	48
活动一　了解自助餐宴会	48
活动二　学习自助餐宴会的策划	49
活动三　熟悉自助餐宴会菜单的设计	52
任务二　自助餐宴会前的布置	55
活动一　了解自助餐宴会的布置	55
活动二　熟悉自助餐宴会的食品台布置	59
任务三　自助餐宴会餐中服务	62
活动一　熟悉酒水服务	62
活动二　熟悉食品台服务	63
活动三　熟悉餐台服务	67
任务四　自助餐宴会结束工作	69
活动　学习自助餐宴会结束工作	69

单元四　西餐宴会服务

任务一　宴会预订服务	72
活动　了解有关宴会预订服务的相关知识	72
任务二　宴会的准备	76
活动一　了解宴会的人员分工与岗位职责	77
活动二　了解西餐宴会前的准备工作	78
活动三　西餐宴会摆台	79

任务三　宴会用餐服务 ··· 84
　　活动　学习西餐宴会用餐服务 ··· 84
任务四　宴会结束工作 ··· 86
　　活动　学习西餐宴会结束工作 ··· 87

单元五　西餐厅服务

任务一　走进西餐厅 ·· 90
　　活动一　了解扒房服务 ·· 90
　　活动二　走进法式餐厅 ·· 92
　　活动三　走进意大利餐厅 ··· 93
　　活动四　走进俄式西餐厅 ··· 94
任务二　西餐厅的预订服务 ··· 96
　　活动一　学习怎样接受预订 ··· 97
　　活动二　了解怎样预留餐位 ··· 99
任务三　西餐厅的餐前准备 ··· 100
　　活动一　了解环境、物品的准备工作 ··· 100
　　活动二　了解餐台、工作台的准备工作 ·· 101
任务四　西餐厅对客服务 ·· 104
　　活动一　学习西餐厅迎宾服务 ·· 105
　　活动二　学习西餐点菜服务 ··· 107
　　活动三　学习西餐酒水服务 ··· 108
　　活动四　学习西餐用餐服务 ··· 111
　　活动五　学习结账服务 ·· 114
　　活动六　了解送客服务 ·· 116
任务五　西餐厅餐后工作 ·· 118
　　活动一　了解餐后环境的整理 ·· 118
　　活动二　客史档案的建立与整理 ··· 120

参考文献 ·· 123

单元一

领略西餐文化

西餐代表着欧美国家的饮食文化,从菜肴制作、就餐礼仪到服务程序及服务礼仪都蕴涵着丰富的历史和文化意义。随着我国经济发展的步伐加快,西餐逐渐频繁出现在各项经济活动和社会活动中。无论是出席西餐宴请活动还是从事相关的工作,都应对西餐及其相关知识有一定了解。

在本单元中,将会对西餐的不同类别、用餐礼仪、用餐过程、服务方式等基础知识进行介绍,为进一步的西餐服务技能学习做好知识储备。

任务一　西餐知多少

工作情境

体验美食是了解地域文化的途径之一,不同风格的餐厅、不同风味的美食,吸引着来自四面八方的食客。步入意大利餐厅,无论是手绘的壁饰、地砖,还是拱形的廊柱间及陈设其中的意大利红木家具,都会给人以复古、奢华的感受,而龙虾意面、鲈鱼配柠檬黄油汁、扒箭鱼配意大利白豆沙拉等地道的意大利美食更会令食客们印象深刻、流连忘返。

具体工作任务
- 西餐用餐礼仪情境模拟。

活动一　了解西餐

精美的食物、考究的餐具和优雅舒适的环境会带给客人美好的身心体验,同时也会让人产生对西餐文化的好奇心。西餐究竟来源于何种文化背景,特殊的用餐及服务方式又有哪些讲究?这些都可能成为食客们美食之外的兴趣点。现在,让我们一同来认识西餐吧。

信息页　西餐分类及其特点

一、西餐的分类

西餐(Western Cuisine)是地域饮食文化概念,是我国对欧美地区菜肴的统称,是一种泛指。按大范围的区域划分，西餐可以分为3类：欧式西餐、东欧式(也称俄式)西餐、美式西餐，如表1-1-1所示。

表1-1-1　西餐的分类(按区域)

西餐种类	代表国家	风味特点
欧式西餐	以英、法、德、意等西欧国家为代表	选料精纯、口味清淡，款式多，制作精细
东欧式(俄式)西餐	以前苏联地区国家为代表	味道浓，油重，以咸、酸、甜、辣皆具而著称
美式西餐	在英国菜基础上发展起来	继承了英式菜简单、清淡的特点，口味咸中带甜

如果进一步按国家细分，则可分为英国菜、法国菜、俄国菜、美国菜、意大利菜以及德国菜等。值得注意的是，西餐只是相对于东方饮食而言，西方饮食文化中并没有"西餐"这一整体概念，而是各国独有的如法国菜、意大利菜、俄国菜等具体风格和概念。

二、西餐的特点

长时间的文化积淀与美食相结合，使得各个国家的菜系自成风味、各具风格。总的来说，与中餐或其他东南亚国家的饮食相比，西餐具有以下鲜明特点。

1. 重视各类营养成分的搭配组合

西餐极重视各类营养成分的搭配组合，充分考虑人体对各种营养(糖类、脂肪、蛋白质、维生素)和热量的需求来安排菜或烹调加工。

2. 选料精细，用料广泛

西餐烹饪在选料时十分精细、考究，而且十分广泛。如美国菜常用水果制作菜肴或甜点，咸里带甜；意大利菜则会将各类面食制作成菜肴，各种面片、面条都能制成美味的席上佳肴；而法国菜，选料更为广泛，诸如蜗牛、洋百合、椰树芯等均可入菜。

3. 讲究调味，注重色泽

西餐烹调的调味品大多不同于中餐，如酸奶油、桂叶、柠檬等都是常用的调味品。法国菜还注重用酒调味，不同菜肴用不同的酒作调料；德国菜则多以啤酒调味，在色泽的搭配上则讲究对比、明快，因而色泽鲜艳，能刺激食欲。

4. 工艺严谨，器皿讲究

西餐的烹调方法很多，常用的有煎、烩、烤、焖等十几种，而且十分注重工艺流程，讲究科学化、程序化，工序严谨。特别是餐具，除瓷制品外，水晶、玻璃及各类金属制餐具占很大比重。

任务单　向客人作西餐简介

上面我们已经了解了西餐的基本知识，下面就请你来试一试吧。假如你是西餐厅的一名工作人员，请在网上搜集资料并结合书中所学，根据下面的提示向客人进行西餐概况的简单介绍，如表1-1-2所示。

表1-1-2 西餐概况简介

介绍内容	掌握程度
西餐在中国	大致了解发展的脉络
西餐的大致分类	基本掌握西餐的分类
西餐的特点	了解典型国家食材选择的特点

活动二 熟悉西餐礼仪

西餐是分餐制，讲究就餐的氛围和格调。长久以来，一些约定俗成的就餐礼仪构成了西餐文化的重要组成部分。在就餐过程中，从言谈举止到餐具的使用都应符合西餐的基本礼仪要求。

信息页一 西餐基本礼仪

一、用餐顺序

首先，我们应对西餐的用餐顺序有所了解，如表1-1-3所示。

表1-1-3 用餐顺序

用餐的不同场合	用餐顺序
正式的宴请	头盘、汤、沙拉、副菜、主菜、甜点、咖啡或茶
便餐	先点主菜，然后根据主菜点出开胃菜、汤和甜点，不必面面俱到

二、用餐礼仪

在西餐的用餐过程中，特别是相对正式的西餐宴会中，我们需要在哪些方面遵守用餐礼仪呢？（如表1-1-4所示）

表1-1-4 用餐礼仪

西餐用餐过程	用餐礼仪	
落座	1. 坐姿要正，身体要直，脊背不可紧靠椅背，一般坐于座椅的3/4即可 2. 落座后，将餐桌上的餐巾取下后应两边对折或折成三角形摆放在腿部，不能将餐巾掖在领口。不可将腿在桌下向远处伸，不能跷起二郎腿，也不要将胳膊肘放到桌面上 	

(续表)

西餐用餐过程	用餐礼仪
用餐中	1. 进餐过程中相互交谈是很正常的现象，但切不可大声喧哗，放声大笑，也不可在餐桌旁抽烟 2. 拿不到的食物请别人传递。就餐时不可狼吞虎咽。添菜需用公共餐具，切忌用自己的餐具为别人布菜。添菜需用公共餐具。西餐中切忌用自己的餐具为别人布菜 3. 正式的进餐过程中不应中途退席，如有事确需离开，可以向左右的客人小声打招呼，以方便进出
用餐结束	向宴请方表示感谢，并对食物、酒水予以赞美

信息页二　西餐餐具的使用

在本单元中由于涉及西餐礼仪，所以重点讲解餐具的使用，关于西餐餐具的种类和样式我们将在后面的内容中具体讲解。

(1) 正式宴请中，每道菜配有不同的刀叉；进餐过程中应根据上菜顺序从外向内取用刀叉，要左手持叉，右手持刀；使用刀叉时，尽量不发出太大的响声。

(2) 切东西时用左手拿叉按住食物，右手执刀将其切成适当的小块，然后用叉子送入口中；大块的食物最好随吃随切；使用刀时，刀刃不可向外。

(3) 如需中途离席而又未用完时，应将刀叉呈"八"字形摆放在餐盘边上(如图1-1-1所示)，表示还要继续吃；每吃完一道菜，将刀叉平行斜放在餐盘中(如图1-1-2所示)。

图1-1-1　需继续使用　　　图1-1-2　已用完可撤

(4) 喝汤时不能汤盘就口，应用汤匙从内向外或从外向内舀出送入口中；不要舔嘴唇或咂嘴发出声音；汤盘中的汤快喝完时，可以用左手将汤盘的外侧稍稍抬起，用汤勺舀净即可，如图1-1-3所示；吃完汤菜后，将汤匙留在汤盘(碗)中。

图1-1-3　喝汤要领

(5) 谈话过程中需要做手势时，应放下刀叉，切忌手执刀叉在空中挥舞摇晃；进食应细嚼慢咽，嘴里不要发出很大的声响，更不能边吃边说。

(6) 除用刀、叉、匙取送食物外，如吃鸡、龙虾时，必要时也可用手取食物；吃饼干、薯片或小粒水果，可以用手取食；吃带骨食物时应先将骨头去掉，不要用手拿着吃；吃鱼、肉等带刺或骨的菜肴时，不要直接将骨头或刺吐出，应用餐巾捂嘴轻轻吐在叉上放入盘内；吃鱼时不要将鱼翻身，要吃完上层后用刀叉将鱼骨剔掉后再吃。

(7) 面包不可以直接拿着咬，而应掰成小块送入口中；如需涂抹黄油或果酱，也应先将面包掰成小块再抹。

(8) 餐桌上，通常会备有盐、胡椒粉等佐料供客人自行取用，如果距离太远，可以请人帮忙传递过来，切忌自己起身去拿。

提示　Finger Bowl

在就餐过程中，有时我们会在餐桌上看到一碗漂着花瓣或柠檬片的清水。注意！这可不是饮用水哦！通常在需要用手取食的食物吃完后，服务生会端上这样一碗赏心悦目的清水(Finger Bowl)供客人洗手，方便后面继续用餐。而且，一般只用这碗水清洗手指部分，如果把整只手放进去洗则是不恰当的。

任务单　案例分析

请根据学过的西餐知识及用餐礼仪认真分析下面的案例，并找出其中恰当和欠妥的做法填入表1-1-5中。

李伟大学毕业后来到一家外资企业工作。这一天，英方总经理Johnson邀请公司里的同事去家里吃饭。吃饭时间到了，Johnson太太热情地邀请大家入座。表示感谢后，李伟礼貌地入座。让他不太适应的是，刚吃完第一道菜，汤就上来了。李伟觉得很奇怪："这顿饭那么快就结束了吗？我还没吃饱呢就喝汤了！"这样想着，他端起碗来很优雅地喝起了汤，舔了舔嘴唇，把碗放下没一会儿，小羊排上来了。李伟有点儿摸不着头脑："外国人吃饭怎么这样？"看了一眼旁边的同事，李伟喝了一小口红葡萄酒，也拿起了手边的刀叉，犹豫了很长时间后，左手拿刀、右手拿叉。小羊排块儿不是很大，为了不影响和同事们聊天，李伟刀叉并用把盘子里的肉全切成了小块儿，然后用叉子缓缓地一块儿一块儿送入口中……甜品上来了，是李伟最爱吃的奶酪蛋糕。桌上的两把勺子中，李伟觉得放在正前方的勺子太小太秀气了，于是拿起了刚才喝完汤放在一边的汤勺，三下两下搞定了蛋糕。这回真的吃饱了。抬头一看，同事们好像还都在细细品味那块儿蛋糕……吃完饭喝咖啡的过程中，大家向Johnson夫妇表示了衷心的感谢，李伟也对Johnson太太表示今天的小羊排味道棒极了!

表1-1-5 案例分析

恰当的做法	欠妥的做法

任务评价

姓名_____   班级_____   综合评价_____

评价项目	具体要求	学生自评		教师评价		企业专家评价	
		分值	得分	分值	得分	分值	得分
了解西餐——西餐简介	1. 内容准确,思路清晰	20		20		20	
	2. 表达能力	15		15		15	
	3. 专业知识及专业素质	15		15		15	
西餐礼仪——案例分析	1. 判断正确、理由充分	20		20		20	
	2. 表达能力	15		15		15	
	3. 专业知识及专业素质	15		15		15	
总计		100		100		100	

在学习的过程中,收获是:

在学习的过程中,不足是:

改进方法和措施有:

任务二 西餐的主要菜式

工作情境

新鲜的法式海鲜大餐,风味各异的德国香肠,闪烁着华丽色泽的俄国鲟鱼子酱,洋溢着美洲风情的苹果烤火鸡以及各式各样的意大利面,各色美食无不牵动着食客的眼神,刺激着他们的味蕾。西餐发展至今,欧美各国已经形成了自己独有的风格特征。各国的传统美食和特色创新菜肴都是西餐饕餮们追捧的对象。

具体工作任务

- 完成西餐主要菜式的学习。

活动 了解西餐菜式

信息页 西餐菜式(如表1-2-1所示)

表1-2-1 西餐主要菜式

项目 菜式	风味特点	代表菜肴
意大利菜	1. 注重传统烹调工艺和火候的掌握,烹调方法以炒、煎、炸、红烩、红焖等著称,烧烤和扒类菜肴则不多。意大利菜对火候的要求很讲究,严格控制不同菜肴的烹饪时间和成熟度 2. 原汁原味。意大利菜肴最为注重原料的本质、本色,成品力求保持原汁原味。注重调味汁(sauce)的制作。另外,常用油醋汁、番茄酱、橄榄油、红花等调味 3. 米面入菜。内容丰富、以米面入菜,是意大利菜肴最为显著的一个特点。意大利人制作的面条至少有几十种,其烹调方法很多,可煮、烤、炒,也可做汤、配佐肉类菜肴或沙拉	意大利菜汤、焗菠菜面、奶酪焗通心粉、佛罗伦萨式焗鱼、罗马式炸鸡、比萨饼
法国菜	1. 选料广泛,用料新鲜。法国菜讲究色、香、味、形的配合,花式品种繁多,重用牛肉、蔬菜、禽类、海鲜和水果,特别是蜗牛、黑菌、蘑菇、芦笋、洋百合和龙虾等 2. 讲究原汁原味。受意大利菜的影响,法国菜也非常注重调味汁的制作。如做肉菜时使用骨汤,做鱼时使用熬制的鱼汤等 3. 调味喜用酒。法国盛产葡萄酒,在菜肴制作过程中也喜欢用酒调味,如清汤用葡萄酒,火鸡用香槟等	鹅肝酱、牡蛎杯、焗蜗牛、马令古鸡、麦西尼鸡、洋葱汤、沙朗牛排、马赛鱼羹等

(续表)

项目 菜式	风味特点	代表菜肴
俄国菜	1. 油重味浓。俄罗斯地处高纬度的亚欧大陆，气候寒冷，因此人们需要较多的热量。所以，除了肉类菜肴较多外，俄式菜一般油性也较大，口味也较浓重，而且酸、甜、咸、辣各味俱全 2. 讲究小吃。俄式小吃实际是指各种冷菜，如鱼子酱、酸黄瓜、冷酸鱼等。其中的鱼子酱是俄国菜中的精华，尤以鲟鱼子和鲑鱼子为贵，搭配伏特加酒的口感最佳。亦可把鱼子酱涂在法国白面包或荞麦小圆饼上，抹上一点酸奶油食用 3. 擅长做菜汤。俄罗斯人还喜欢做菜汤，每日膳食中必有用肉、鲜白菜、酸白菜及其他多种蔬菜和调料制成的菜汤。常见的菜汤有60多种，其中莫斯科红菜汤就颇具盛名	鱼子酱、莫斯科红菜汤、莫斯科式烤鱼、黄油鸡卷、红烩牛肉等
英国菜	1. 选料简单。受其地理位置和自然条件影响，英国菜的选材范围较小。英国菜的内容和种类也相对简单，多为畜禽类或野味、蔬菜等 2. 烹调方法简单。英国菜中肉类菜肴多大块烹制，调味也很简单，香料和酒使用得较少。成品食物端上餐桌后，食客可以用餐桌上的调味品，根据自己的喜好调味	土豆烩羊肉、牛尾汤、烤羊马鞍、烤鹅等
美国菜	1. 菜式简单、口味清淡。美国菜味道清淡，主菜以肉、鱼、鸡类为主。口味咸中带甜，一般对辣味不感兴趣。烹调方法以煮、蒸、烤、铁扒为主 2. 水果入菜。美国地域广阔，盛产水果，喜欢以水果入菜。无论是沙拉，还是肉类主菜，使用水果都很普遍 3. 注重营养	华道夫沙拉、菠萝焗火腿、苹果烤火鸡、姜汁橘酱鸡片、美式花旗大虾、炸香蕉等
德国菜	1. 肉制品丰富。德国的肉制品品种类繁多，猪肉是德国人的最爱，其次是牛肉。肉类食材的烹制方法也很多，单是火腿、熏肉、香肠等的制作就有不下数百种。德国人喜欢肉食，更喜欢吃香肠，他们制作的香肠品种达1500种以上 2. 喜欢食用生鲜。一些德国人有吃生牛肉的习惯，著名的鞑靼牛扒就是将嫩牛肉剁碎，拌以生葱头末、酸黄瓜末和生蛋黄配以黑面包食用 3. 口味酸咸。德式菜中的酸菜使用非常普遍，经常用来做配菜，口味酸咸，浓而不腻 4. 用啤酒制作菜肴。德国盛产啤酒，啤酒的消费量也居世界之首，所以德国人的一些菜肴也常用啤酒来调味	柏林酸菜煮猪肉、酸菜焖法兰克福肠、汉堡肉扒、鞑靼牛扒、德式清豆汤、德式生鱼片、德式烤杂肉、煎甜饼等

任务单　西餐主要菜式知识巩固

一、运用网络、书籍等工具试着了解并收集以上各菜式的历史，与同学一起分享吧。

二、请根据所学知识对下列描述作出判断。正确的请在括号内打"√"，错误的打"×"。

1.(　　)美国菜油重味浓，主菜以肉、鱼、鸡类为主。

2.(　　)意大利菜以面条和香肠闻名于世。

3. (   )法国菜历史悠久,是西餐的代表。

4. (   )甜菜汤是俄罗斯人民最喜爱的食物之一,而鱼子酱更是俄罗斯菜中的精华。

5. (   )德国人爱在烹调过程中使用啤酒调味,而法国人则喜欢用他们引以为豪的葡萄酒制作菜肴。

6. (   )英国是个岛国,品尝英国菜绝对不能错过他们著名的各式海鲜佳肴。

任务评价

姓名_____ 班级_____ 综合评价_____

评价项目	具体要求	学生自评		教师评价		企业专家评价	
		分值	得分	分值	得分	分值	得分
了解并收集各菜式的历史	1. 内容丰富	20		20		20	
	2. 讲述的语言能力	20		20		20	
	3. 专业知识及专业素质	20		20		20	
	4. 多媒体手段的运用	20		20		20	
自我小测验	知识掌握程度	20		20		20	
总计		100		100		100	

在学习的过程中,收获是:
_____
_____

在学习的过程中,不足是:
_____
_____

改进方法和措施有:
_____

任务三 西餐的服务方式

工作情境

走进法餐厅，华丽的天鹅绒幔帐、优雅的竖琴伴奏、复古的枝形吊灯，无一不令你深刻地感受到浪漫的法兰西风情。而餐厅内独特的推车服务也十足体现了法式服务的周到、细致。

具体工作任务
- 试分析各种西餐服务方式的特点。

活动 了解西餐服务方式

信息页 西餐服务方式

由于宗教和移民等历史渊源，欧美地区各国的饮食习惯和内容互有影响与联系。但经过多年的发展，各个国家也形成了带有本国特色的饮食风味和服务方式。其中较常见的有法式服务、俄式服务、美式服务、英式服务、综合式服务和自助式服务等，具体如表1-3-1所示。

表1-3-1　常见服务方式及特点

服务方式	特点
法式服务	传统的法式服务在西餐服务中是最豪华、最细致和最周密的服务。法式服务注重服务程序和礼节礼貌，注重服务表演，服务周到，每位顾客都能得到充分的照顾。但是，法式服务节奏缓慢，需要较多人力，用餐费用高。餐厅利用率和餐位翻台率都比较低
俄式服务	俄式服务是西餐普遍采用的一种服务方式。俄式服务的餐桌摆台与法式的餐桌摆台几乎相同。但是，它的服务方式不同于法式。俄式服务讲究优美文雅的风度，服务员将装有整齐和美观菜肴的大浅盘端给所有宾客过目，让宾客欣赏厨师的装饰和手艺，同时也刺激了宾客的食欲。每一个餐桌只需要一个服务员，服务的方式简单快速，服务时不需要较大的空间。因此，它的效率和餐厅空间的利用率都比较高。由于俄式服务使用了大量的银器，并且服务员将菜肴分给每一位宾客，使每一位宾客都能得到尊重和周到的服务，因此增添了餐厅的气氛。由于俄式服务是大浅盘里分菜，因此，可以将剩下的、没分完的菜肴送回厨房，从而减少不必要的浪费。俄式服务的银器投资很大，如果使用和保管不当会影响餐厅的经济效益。在俄式服务中，最大的问题是最后分到菜肴的宾客，看到大银盘中的菜肴所剩无几，总有一些影响食欲的感觉
美式服务	美式服务是简单和快捷的餐饮服务方式，一名服务员可以看数张餐台。美式服务简单、速度快，餐具和人工成本都比较低，空间利用率及餐位周转率都比较高。美式服务是西餐零点和西餐宴会理想的服务方式，广泛用于咖啡厅和西餐宴会厅
英式服务	英式服务又称家庭式服务。其服务方法是服务员从厨房将烹制好的菜肴传送到餐厅，由宾客中的主人亲自动手切肉装盘，并配上蔬菜，服务员把装盘的菜肴依次端送给每一位客人。调味品、沙司和配菜都摆放在餐桌上，由宾客自取或相互传递。英式服务的家庭气氛很浓，许多服务工作由客人自己动手，用餐的节奏较缓慢。在英国，家庭式餐厅很流行，这种餐厅多采用英式服务
综合式服务	综合式服务是一种融合了法式服务、俄式服务和美式服务的综合服务方式。许多西餐宴会的服务采用这种服务方式。通常用美式服务上开胃品和沙拉；用俄式或法式服务上汤或主菜；用法式或俄式服务上甜点。不同的餐厅或不同的餐次选用的服务方式组合也不同，这与餐厅的种类和特色、顾客的消费水平、餐厅的销售方式有着密切的联系
自助式服务	自助式服务是把事先准备好的菜肴摆在餐台上，客人进入餐厅后支付一餐的费用，便可自己动手选择符合自己口味的菜点，然后拿到餐桌上用餐。这种用餐方式称为自助餐。餐厅服务员的工作主要是餐前布置，餐中撤掉用过的餐具和酒杯，补充餐台上的菜肴等

任务单　西餐服务方式

一、请结合信息页中知识和课外学习知识试着分析和比较各种西餐服务方式的特点，如表1-3-2所示。

表1-3-2　西餐常见服务方式利弊分析

服务方式	利	弊
法式服务		
俄式服务		
美式服务		

(续表)

服务方式	利	弊
英式服务		
综合式服务		
自助式服务		

二、请根据所学知识对下面的描述作出判断。对的打"√",错的打"×"。

1.（　）美式服务简单，速度快，餐具和人工成本都比较低，空间利用率及餐位周转率却相对较低。

2.（　）服务员将装有整齐和美观菜肴的大浅盘端给所有宾客过目，让宾客欣赏厨师的装饰和手艺，同时也刺激了顾客的食欲。这是典型的法式西餐服务。

3.（　）传统的英式服务是一种最周到的服务方式，由两名服务员共同为一桌客人服务。

4.（　）法式服务讲究在顾客面前烹制菜肴，为菜肴调味，分割菜肴，装盘，然后上菜。

任务评价

姓名_____　　　班级_____　　　综合评价_____

评价项目	具体要求	学生自评		教师评价		企业专家评价	
		分值	得分	分值	得分	分值	得分
西式服务方式特点分析	1.分析正确	25		25		25	
	2.分析的语言能力	25		25		25	
	3.专业知识及专业素质	25		25		25	
自我小测验	知识掌握程度	25		25		25	
总计		100		100		100	

在学习的过程中，收获是：

在学习的过程中，不足是：

改进方法和措施有：

任务四 西餐菜单

工作情境

就餐高峰时间到了,客人纷纷进入餐厅用餐。打开制作精美、图文并茂的菜单,有些客人开始犹豫起来。如何高效而又令人满意地帮助客人完成点餐呢?我们先来了解一下西餐厅的菜单吧!

具体工作任务

- 根据西餐的用餐习惯代客点餐;
- 结合任务二中的西餐主要菜式,选取一种菜单类型设计菜单。

活动一 了解西餐用餐习惯

长久以来,根据食材特点和健康原则,西餐形成了鲜明的特点和特有的用餐程序。在不同程序中上菜的内容、用餐礼仪和服务方法也都有着不同的要求。在下面的学习中请关注西餐的用餐顺序及相关内容。

信息页 西餐用餐习惯(如表1-4-1所示)

表1-4-1 西餐用餐习惯

上菜顺序	具体要求
1. 头盘	西餐的第一道菜是头盘,也称为开胃品。开胃品的内容一般有冷头盘和热头盘之分,常见的品种有鱼子酱、鹅肝酱、熏鲑鱼、鸡尾杯、奶油鸡酥盒、焗蜗牛等。开胃品一般都有特色风味,味道以咸和酸为主,而且数量少、质量较高
2. 汤	西餐的汤大致可分为清汤、奶油汤、蔬菜汤和冷汤4类。品种有牛尾清汤、各式奶油汤、海鲜汤、美式蛤蜊汤、意式蔬菜汤、俄式罗宋汤、法式焗葱头汤。冷汤的品种较少,有德式冷汤、俄式冷汤等
3. 副菜	鱼类菜肴一般作为西餐的第三道菜,也称为副菜。品种包括各种淡、海水鱼类,贝类及软体动物类。通常水产类菜肴与蛋类、面包类、酥盒菜肴品都称为副菜。因为鱼类等菜肴的肉质鲜嫩,比较容易消化,所以放在肉类菜肴的前面。西餐鱼类菜肴讲究使用专用的调味汁,品种有鞑靼汁、荷兰汁、酒店汁、白奶油汁、大主教汁、美国汁和水手鱼汁等

(续表)

上菜顺序	具体要求
4. 主菜	肉、禽类菜肴是西餐的第四道菜，也称为主菜。肉类菜肴的原料取自牛、羊、猪等各个部位的肉，其中最有代表性的是牛肉或牛排。牛排按其部位又可分为沙朗牛排(也称西冷牛排)、菲利牛排、"T"骨牛排、薄牛排等。其烹调方法常用烤、煎、铁扒等。肉类菜肴配用的调味汁主要有西班牙汁、浓烧汁精、蘑菇汁、白尼斯汁等。禽类菜肴的原料取自鸡、鸭、鹅，通常将兔肉和鹿肉等野味也归入禽类菜肴。禽类菜肴品种最多的是鸡，有山鸡、火鸡、竹鸡，可煮、炸、烤、焖，主要的调味汁有黄肉汁、咖喱汁、奶油汁等
5. 蔬菜类菜肴	蔬菜类菜肴可以安排在肉类菜肴之后。还有一些蔬菜是熟的，如花椰菜、煮菠菜、炸土豆条等。这些熟的蔬菜通常和主菜的肉食类菜肴一同摆放在餐盘中上桌，称为配菜。蔬菜类菜肴在西餐中称为沙拉。和主菜同时服务的沙拉，称为生蔬菜沙拉，一般用生菜、西红柿、黄瓜、芦笋等制作。沙拉的主要调味汁有醋油汁、法国汁、千岛汁、奶酪沙拉汁等
6. 甜品	西餐的甜品是主菜后食用的，如布丁、煎饼、冰激凌、奶酪、水果等
7. 咖啡、茶	咖啡一般要加糖和奶油。茶一般可以加香桃片、糖等

任务单　代客点餐

新婚夫妇王先生和王太太选择到西餐厅度过浪漫的一周年结婚纪念日。二人对西餐几乎没有过任何尝试。现在，作为西餐厅的服务员，请你为二人设计一份温馨而浪漫的烛光晚餐菜单吧！试完成表1-4-2的任务。记住，要符合正式晚餐的基本程序哦！

表1-4-2　代客点餐

王先生	王太太

活动二　了解西餐菜单的种类

西餐厅经营的一切活动，都应围绕着菜单进行。一份优秀的西餐菜单，既要能反映餐厅的经营方针和特色，衬托餐厅的气氛，同时也是餐厅重要的营销工具，能够为餐厅带来丰厚的利润。

信息页 西餐菜单的分类

下面介绍几种常见的西餐菜单分类，如表1-4-3和图1-4-1、图1-4-2所示。

表1-4-3 西餐菜单分类

分类标准	菜单分类	菜单特征
根据用餐顺序进行分类	1. 开胃菜	一般分量较少，味道清新，色泽鲜艳，具有开胃、刺激食欲的作用
	2. 汤类	具有增进食欲的作用，不吃开胃菜的客人往往都要先点一份汤
	3. 鱼类	可视为汤类与肉类的中间菜，味道鲜美可口
	4. 主菜类或肉类	是西餐中的重头戏，烹饪方法较为复杂，口味也最独特。制作材料通常为大块肉、鱼、家禽或野味。以肉食为主的主菜必须搭配蔬菜，常用的配菜为各色蔬菜、土豆等
	5. 冷菜或沙拉	可当作主菜的装饰菜
	6. 餐后点心	可进一步增加饱腹感，令客人对一餐饭留下甜美回忆。主要包含各色蛋糕、西饼、水果及冰激凌等
	7. 饮料	主要以咖啡、果汁或茶为主。现如今不少西餐厅同时供应热、冷饮两种。传统的西餐结束后，男士们有喝餐后酒和抽雪茄的习惯
根据用餐时段进行分类	1. 早餐菜单	通常有零点菜单、套餐菜单和自助餐菜单3种形式。早餐的套餐可分为欧陆式早餐套餐和美式早餐套餐。所谓欧陆式早餐套餐是最为简单清淡的早餐；美式早餐套餐内容比较丰富，分量较多，为方便就餐者，菜单往往也有定餐套餐与零点之分，像蛋类、肉类及蔬菜类就可以同装一盘成为早餐的主菜
	2. 午餐菜单	午餐是维持人们正常工作和学习所需热量的重要餐饮。午餐的销售对象是购物或旅游途中的客人或午休中的企事业单位员工。因此，西餐中的午餐菜单一般都具有价格适中、上菜速度快、菜系品种实惠等特点。西餐午餐的菜系通常包括开胃菜、汤、沙拉、三明治、意大利面条、海鲜、肉类和甜点等
	3. 正餐菜单	人们习惯将晚餐称为正餐，不论是欧美还是国内的消费者都非常重视正餐，大多数的宴请活动也一般安排在正餐中进行。由于大多数顾客的正餐时间宽裕，所以许多酒店和西餐厅都为正餐提供了丰富的菜系。由于正餐菜系的制作工艺比较复杂，制作和服务时间较长，因此其价格也高于其他餐次
	4. 夜餐菜单	从经营时间上讲，西餐厅在晚上10点以后供应的餐食称为夜餐。夜餐菜单要求具有清淡、份额小等特点，菜系以风味小吃为主。西餐夜餐菜系，常安排开胃菜、沙拉、三明治、制作简单的主菜、当地小吃和甜品等5~6个类别，每个类别安排4~6个品种
	5. 其他菜单	许多西餐厅和咖啡厅还筹划了早午餐(brunch)菜单和午茶菜单。早午餐一般是上午10点的一餐，一些旅游的顾客因得晚没有来得及吃早餐，多会选择早午餐。早午餐菜单，通常具有早餐和午餐共同的特点。许多人在下午3点钟有喝午茶的习惯，而且喝午茶时会吃点儿甜点和水果，因此午茶菜单都会突出甜点的特色。此外，还有一些专门展示某一类菜系的菜单，如冰激凌菜单
根据西餐销售地点进行分类	1. 咖啡厅菜单	方便、快速、简洁为一般咖啡厅所具有的共性特征，所以咖啡厅菜单上的菜式种类有限、售价相对较低、菜品用料较为朴实。菜单的主题决定其设计的特色

(续表)

分类标准	菜单分类	菜单特征
根据西餐销售地点进行分类	2. 扒房菜单	扒房菜单的特点是比较庄重，选用高质量的纸张印刷，封皮色调典雅。该类菜单一般是固定式零点菜单，内容包括开胃菜、汤、沙拉、海鲜、扒菜、甜点、各式奶酪及酒水等。扒房只销售午餐和正餐
	3. 快餐厅菜单	这里主要指西式快餐厅菜单。因为快餐厅的宾客普遍要求经济、实惠、快捷，需要的服务不多，所以，这类菜单多采用一次性纸张式和固定放置的做法，后者尤为普遍，又称墙挂菜单
	4. 客房送餐菜单	客房送餐是酒店餐饮的一大特色。考虑到食物成品运送过程中可能遇到的困难，客房送餐只提供有限的菜单内容。最常见的客房送餐菜单上面会注明菜式内容及供应时间，客人可通过电话等方式订餐，送餐服务员会在规定时间内备、送食物
根据顾客用餐需求和供餐形式进行分类	1. 套餐菜单	优点是节省顾客点菜时间，价格比零点购买更优惠。缺点是菜系品种、数量、价格是固定的，顾客选择的空间很小，只能购买整套菜系
	2. 零点菜单	顾客可根据菜单上列举的菜系品种，以单个购买方式自行选择，组成自己完整的一餐，因为零点菜单上的菜系是分别定价的。西餐零点菜单上销售的品种，常以人们进餐的习惯和顺序进行分类和排列，如开胃菜、汤类、沙拉、三明治、主菜、甜点等
	3. 宴会菜单	宴会菜单通常体现酒店或西餐厅的经营特色，还会根据不同的季节安排一些时令菜系。宴会菜单也经常根据宴请对象、宴请特点、宴请标准或宴请者的意见而随时调整。根据宴会的形式，宴会菜单又可分为传统式宴会菜单、鸡尾酒会菜单和自助式宴会菜单

图1-4-1 节日菜单

```
************************════════
         某意大利餐厅午餐菜单
************************════════


             A套餐
     house沙拉+意面/比萨+软饮/咖啡
              55元


             B套餐
 house沙拉+house浓汤+意面/比萨+软饮/咖啡+house甜品
              75元
```

意面推荐

实心长面配蒜香辣味橄榄油

or

手工牛肉饺配上红苦叶和巴马臣火腿做成的粉红沙司

or

意大利香肠搭配土豆丁和新鲜小番茄

比萨推荐

比萨的最原始做法——比萨面包、干酪和番茄的基本组合

or

奶油和烟熏鲑鱼的组合比萨

or

基本比萨和新鲜薄片牛肉的理想组合

软饮选择

可口可乐 or 健怡可乐 or 雪碧 or 汤力水 or 干姜水 or 苏打水

图1-4-2 混合菜单

任务单　收集菜单样本

在信息页中我们学习了按照不同标准划分的菜单类别。现在，请你选取其中的2~3种菜单类型，在学习后利用身边的资源收集2~3个正规的西餐菜单样本，并与你的同伴分享一下吧。

任务评价

姓名_____　　　　班级_____　　　　综合评价_____

评价项目	具体要求	学生自评		教师评价		企业专家评价	
		分值	得分	分值	得分	分值	得分
代客点餐	1. 内容合理	25		25		25	
	2. 专业知识及专业素质	25		25		25	
菜单样本	1. 菜单样本类别清晰	15		15		15	
	2. 菜单内容典型	15		15		15	
	3. 信息收集渠道多	10		10		10	
	4. 信息真实性	10		10		10	
总计		100		100		100	

在学习的过程中，收获是：

在学习的过程中，不足是：

改进方法和措施有：

任务五 认识西餐餐具

工作情境

环境优雅的西餐厅里,如何根据上菜顺序和菜肴内容选用恰当的餐具?如何在使用过程中尽显优雅?请在完成任务的过程中认真体会。

具体工作任务

- 认识各种西餐餐具及其使用方法。

活动 了解西餐餐具的种类与使用

信息页 西餐餐具的种类与使用

由于餐具种类繁多,这里并非要将所有的西餐用具都包含在内,而是尝试对最常用的一些餐具作如下介绍。

一、刀、叉、匙

在较正式的就餐场合中,一般餐厅会为客人配备3副刀叉。在现代快节奏的生活中也有一些自助餐厅或零点餐厅仅提供一副刀叉和汤匙供客人使用。餐台上的刀叉一般已经按照上菜顺序由外侧向内侧依次摆放好了,客人只要按顺序由外向内依次取用即可。

按照大多数人的习惯,刀和汤匙在餐盘右侧,叉子摆在左侧。从外侧开始依次是开胃菜刀叉、汤匙、鱼刀鱼叉、主菜刀叉。其中主菜刀叉一般刀刃处呈锯齿状，方便切割肉类菜肴。此外，在装饰盘的上方还会摆放甜点叉、甜点匙；在面包盘中摆放黄油刀。在餐后喝咖啡时也应配上相应的咖啡匙。具体如表1-5-1所示。西餐餐具摆放根据各酒店的具体要求会有所不同。

表1-5-1　西餐餐具及其用途

图示	名称	用途
	正餐刀(Dinner Knife)	长约20cm，与正餐叉搭配，用于吃各种主菜
	鱼刀(Fish Knife)	吃鱼类菜肴的专用餐刀，特征是刀刃与刀柄不在同一水平线上，与鱼叉搭配使用
	黄油刀(Butter Spreader)	外形类似鱼刀，但比鱼刀小，单独使用，用于涂抹黄油、水果酱等。现在许多酒店用小餐刀代替黄油刀，意在减少餐具种类，便于餐具管理
	清汤匙(Clear Soup Spoon)	又称大餐匙，单独用于食用清汤或米饭，也可与正餐叉搭配食用意大利面条。注意用于食用意大利面条时，匙放左面，叉放右面
	甜点匙(Dessert Spoon)	又称小餐匙，用于食用甜点，或作为儿童用餐匙
	服务叉(Serving Fork)	又称分菜叉，是一种最大的叉，只用于分菜。在没有分菜叉的情况下，也可用正餐叉代替
	正餐叉(Dinner Fork)	与正餐刀搭配用于吃各种主菜，若吃牛排需配牛排刀。与餐匙搭配用于吃意大利面条(Spaghetti)。也可用作分菜叉
	鱼叉(Fish Fork)	比正餐叉略小，特征是叉齿薄而尖。用于吃鱼类菜肴及其他中盘菜品
	甜点叉(Dessert Fork)	又称小餐叉或沙拉叉，用于吃主菜和鱼类菜肴以外的菜点，如开胃品、沙拉、甜点、水果、奶酪等，也作儿童用餐叉

二、器皿类

西餐器皿(如表1-5-2所示)以瓷器为主，也有玻璃制品，如椒盐瓶、洗手盅和金属制品，各种盘碟应选用圆形为宜，但也有些特色餐厅为提高餐具档次，采用荷叶边或棱边盘。总之，不管采用哪种形状的盘碟都应配套。

(续表)

表1-5-2　西餐器皿

图示	名称	图示	名称
	黄油碟(Butter Plate)		咖啡杯(Coffee Cup)
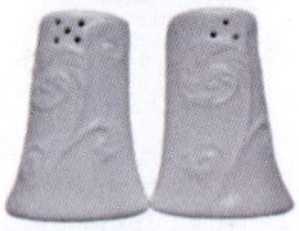	椒盐瓶(Pepper/Salt Shaker)		沙司盅(Sauce Boat)
	蜗牛碟(Escargot Dish)		蛋盅(Boiled Stander)
	糖盅(Sugar Bowl)		装饰盘(Service Plate)
	糖夹(Sugar Tongs)		面包盘(Bread Plate)
	奶盅(Milk Cup)		汤盘(Soup Plate)

三、服务用具

服务用具(如表1-5-3所示)是西餐服务中的一个重要组成部分,供服务员为客人服务时使用。

表1-5-3　西餐服务用具

图示	名称	图示	名称
	蜡烛台(Candle Holder)		冰桶(Ice Bucket)

图示	名称	图示	名称
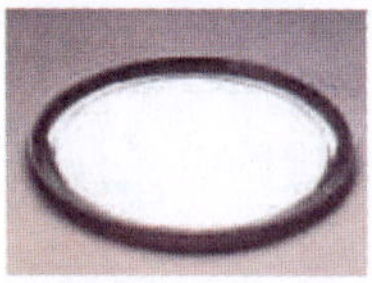	托盘(Serving Tray)		酒篮(Wine Basket)
	香槟桶(Ice Bucket) 酒桶架(Ice Bucket Stand)		咖啡壶(Coffee Pot)
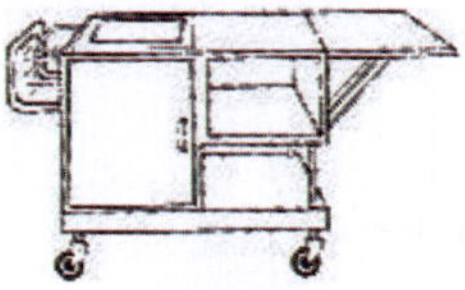	煮餐车(Service Trolley)		面包篮(Bread Basket)
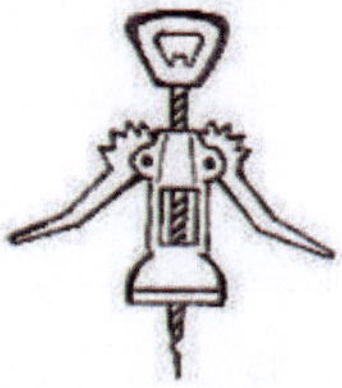	多用开瓶钻(Bottle Opener)	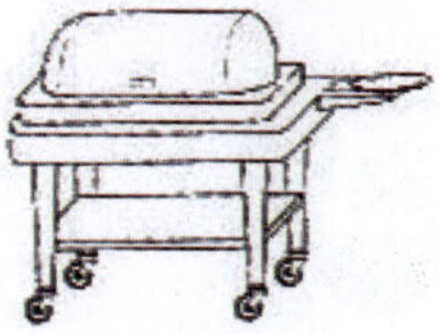	切肉车(Carving Trolley)
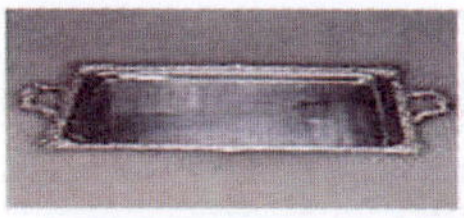	大银盘(Silver Plate)		保温锅(Chafing Dish)

四、杯子

由于温度、酒杯的形状都会影响酒的品质，所以西餐中的杯子非常讲究。除用餐完毕后喝咖啡或茶使用瓷器外，大多数杯具都是玻璃或水晶制品。好的水晶杯要比一些玻璃杯的价值高出许多。随着菜肴内容的变换，酒也应有不同的选择与之搭配，而针对不同的酒类使用的酒杯也有细致划分。在餐桌上一般会为客人配备3个玻璃杯：最大号的是水杯，其次是红葡萄酒杯，相对较小的是白葡萄酒杯。有时还会根据需要放上香槟酒杯。

针对不同类型的酒，西餐酒杯一般分为以下几大类(如表1-5-4所示)。

表1-5-4　西餐酒杯

酒杯种类	图示	用途
红葡萄酒杯		多是杯肚略大、口向内缩，需要一个较大但半封闭的空间。这种杯身的设计是为了保留酒的香气，在摇动酒杯的过程中，香气才会慢慢散发。喝红酒时应该握住杯脚部分，而不是杯肚，否则会因手掌温度影响酒的品质
白葡萄酒杯		习惯上白葡萄酒杯比红葡萄酒杯略小一些，杯脚与杯身之间的细颈也较长
香槟杯		香槟的特点在于气泡缓缓上升带给饮酒者味觉及视觉上的享受。这时，郁金香杯或笛形杯修长的杯身就给气泡上升提供了足够的空间，而郁金香杯的收口设计更利于保留气泡

(续表)

酒杯种类	图示	用途
白兰地杯		白兰地是以葡萄酒蒸馏而成,之后盛入硬木桶内经长时间储存才包装出售。要品尝白兰地的真味,须以小口啜饮。所以白兰地杯通常为大肚矮杯,杯口向内缩,以便在饮用时用手掌托杯,并以手温酒使香气蓄积在杯中,同时让过多的酒精挥发掉
威士忌杯		威士忌的酒精量为40%~50%,故属烈性酒。威士忌酒杯一般是直身无脚的圆形或方形半高玻璃杯
甜酒杯		甜酒多在饭后少量饮用,故无须太大。甜酒杯多设计成比一般高脚杯略小的形式
雪莉杯		雪莉酒是西班牙特产,属酒精加强葡萄酒,亦即在葡萄酒酿制过程的某个阶段加入白兰地,颜色呈白色至暗褐色,一般有甜与不甜之分。雪莉酒属烈性酒,故所使用的酒杯杯身通常比葡萄酒杯略长,但杯口不向内缩

提示

餐巾的用法

进餐前,大餐巾可折起(一般对折成矩形或三角形),折口向外平铺在腿上,小餐巾可伸开直接铺在腿上。注意,不可将餐巾掖在领口;擦嘴时需用餐巾的上端、内侧;绝不可用餐巾来擦脸部或擦刀叉、碗碟等。

任务单 认识餐具

任务描述:请借助西餐厅实训室及实训设备设施等认识西餐餐具及其用途。

任务要求:能够清晰介绍各种餐具的名称、用途及用法。

任务道具:西餐厅实训室及设备、餐具等。

任务评价

姓名_____　　　　班级_____　　　　综合评价_____

评价项目	具体要求	学生自评		教师评价		企业专家评价	
		分值	得分	分值	得分	分值	得分
认识西餐餐具	1. 餐具名称	25		25		25	
	2. 餐具用途	25		25		25	
	3. 餐具使用方法	25		25		25	
	4. 餐具的英文名称	25		25		25	
总计		100		100		100	

在学习的过程中，收获是：

在学习的过程中，不足是：

改进方法和措施有：

单元二

西餐酒会服务

酒会是一种流行的社交、聚会的宴请方式,以供应各种酒水饮料为主,并附各种小吃、点心和一定数量的冷热菜,是一种简单且活泼的宴请方式。

在本单元的学习中,我们可以了解有关酒会的设计,掌握酒会的服务知识,从而提高我们的西餐服务能力。

任务一 酒会知识

工作情境

　　Star公司拟于12月24日举办新车发布的酒会，宴请来宾110人，地点设在国际酒店的花园。举办方要求酒会现场典雅时尚，以烘托出Star公司高端品牌的形象。

具体工作任务

- 了解酒会的相关知识；
- 尝试设计酒会的服务方案。

活动一　了解酒会基本知识

　　根据工作情境的描述，你知道什么是酒会吗？酒会有何特点？什么时间比较适合举办酒会呢？让我们一起来寻找答案吧！

信息页　酒会的基本知识

　　在完成酒会服务方案的设计工作之前，需要了解一些相关的基本知识。首先让我们带着问题把酒会的基本知识作个整理，具体如表2-1-1所示。

表2-1-1　酒会的基本知识

酒会的主题包括哪些	主题多是欢聚、庆典、纪念、庆祝、告别、开业典礼等
酒会的形式是什么样的	一般而言，酒会的形式较为自由。席间有主人和主宾即席致辞。宾客在酒会中以站姿进餐。宽敞的空间使主人及宾客均得以自由地在会场内穿梭走动，自在地和其他与会宾客交谈
适宜举办酒会的时段	上午9:00—11:00、下午3:00—5:00以及下午4:00—6:00比较适宜，具体时间取决于主人及与会宾客的安排。此外，若宴请宾客较多，主人也可以将既定的酒会时间分割成数个时段，并用注明不同时段的请帖邀约不同的宾客，以避免出现场面拥挤、主人无法兼顾所有宾客的场面。由此可知，酒会其实是属于比较活泼且较具弹性的宴会进行方式
酒会有哪些特点	1. 以供应各种酒水为主，提供简单的小吃、点心和少量的热菜 2. 一般设高的小圆桌，桌上放置餐巾纸、牙签盅等物品
酒会的类型有哪些	1. 仅供应简单的开胃品。通常放置在酒吧台或沙发旁的茶几上，供宾客自行取用 2. 再增加一些绕场服务食品，由服务人员端着来回穿梭于宾客之间，供宾客依个人喜好自行取用。这种类型的酒会在正式餐会开始之前的30分钟通常会提供餐前酒给宾客饮用 3. 采用"餐台式"举办酒会。须提供一些冷盘类食物以及其他简单易食的热食类餐点。除此之外，小餐盘和叉子的设置也是餐台式酒会不可或缺的

> **任务单　自我小测验**
>
> 一、什么是酒会？
> 二、适宜举办酒会的时段：_____、_____、_____。
> 三、你能归纳出酒会的特点有哪些吗？

活动二　熟悉酒会服务方案

了解了酒会的基本知识，接下来为了更顺利地完成任务，让我们一起来看一份规范的酒会服务方案所包含的内容，具体如表2-1-2所示。

表2-1-2　酒会服务方案

酒会要求	酒会名称	联谊交际性鸡尾酒会。美国Perfect公司为答谢客户、续签合同，将于2019年1月底举办一次特别的鸡尾酒会。接待规格A级
	酒会标准	800元/人。酒水按实际消耗收费。活动方式为鸡尾酒会加舞会。鸡尾酒会出席人数160人，主要客户带夫人。舞会预计200人
	任务与要求	根据客户要求，豪华、热情、友好，A级豪华接待规格

(续表)

酒会准备	环境布置	1. 1月31日下午4:30—6:30在多功能厅举办。由宴会厅经理负责，工程部、公关部配合 2. 准备方案为： (1) 多功能厅前设签到台、迎宾岗 (2) 厅内按客户要求设鸡尾酒会豪华型会场。台前上方设大型会标。配彩色射灯。舞会现场配各种灯光，专设灯光师提供现场服务 (3) 鸡尾酒会现场按客户要求设置酒水台、致辞答谢台、联谊签到台和小餐台 (4) 舞会安排。鸡尾酒会客人联谊后，保留酒水台，现场略作调整后改为舞会活动
	菜点准备	根据客户预订要求，本次鸡尾酒会以佐酒小食品为主，菜点准备由宴会厨师长负责，冷菜和面点厨房配合。精致冷菜6种，小吃点心6种，保证质量优良、供应及时、服务周到。准备试制工作于鸡尾酒会前1天完成，由餐饮部经理和行政总厨督导检查
	酒水准备	根据客户预订要求，本次鸡尾酒会为每位客人准备高档鸡尾酒3杯。1杯在主人讲话祝福时供应，1杯在联谊用餐时供应，1杯在自由交谈、续签合同或协议时供应。舞会开始后，酒水台以提供饮料为主。酒会现场设酒水台。酒水准备由酒吧经理负责，友谊厅经理配合。准备、调制工作在酒会举办前1天完成。餐饮部和餐厅部经理督导检查
酒会服务	现场指挥	宴会厅经理负责。督导门前迎接、现场服务、菜点服务工作保证质量
	接待服务	分5个小组提供现场服务： (1) 迎宾组：负责门前迎宾、签到、引导客人 (2) 菜点组：以宴会大厨为主，负责酒会各种菜点供应，现场服务 (3) 酒水组：以调酒师为主，负责酒台鸡尾酒水和饮料服务 (4) 服务组：场内服务员，负责客人联谊斟酒、送酒、用餐服务 (5) 舞会组：以音响师、灯光师为主，负责舞会现场服务
	现场服务	各小组提供优质现场服务

提示

鸡尾酒会的布置

鸡尾酒会可以在餐厅中或庭院花园里举行，通常不设座席。在厅堂的一角置几张餐台，放上酒水饮料和各式小点心。酒会的主人需要注意：所准备的点心一定要让宾客站着也能方便食用。小巧精致的干点为佳，不要有汤水，当然也不能咬一口就碎屑四溅。酒水注意不要倒得太满，大半杯最合适。另外，要记得多准备些餐巾纸供宾客取用。还有，细心的主人若预计来客中会有数位老者，最贴心的布置就是设置休息区。

知识链接

你知道Cocktail(鸡尾酒)吗？

一、鸡尾酒构成

鸡尾酒是由基酒、辅料、配料和装饰物组成的。美国的韦氏词典是这样注释的：鸡尾酒是一种量少而冰镇的酒。它是以朗姆酒、威士忌、伏特加或其他烈酒、葡萄酒为基酒，再配以其他辅料，如果汁、蛋清、

牛奶、糖等，以搅拌或摇晃法调制而成，最后再饰以柠檬片或薄荷叶。

二、鸡尾酒调制方法

鸡尾酒调制方法：摇和法、搅拌法、调和法、兑和法，如表2-1-3所示。

表2-1-3　鸡尾酒调制方法

调制方法	调制步骤	适宜饮品
摇和法	把冰块及各种酒水按配方比例先后放入摇壶中摇荡均匀即可	适于浑浊型饮料，不含有汽原料
搅拌法	将冰块和各种原料按配方先后放入搅拌机内，按动电钮快速搅匀即可	适于分量大的鸡尾酒，或搅拌鸡蛋、水果类等
调和法	在调酒杯中，按配方先后加入冰块及各种原料，用调酒棒或酒吧匙在杯中快速搅匀即可	适于清亮型饮料的调制，若有含汽原料，一般也用此法
兑和法	将各种原料按分量沿酒吧匙或调酒棒徐徐倒入酒杯中，比重大的先加入，比重小的后加入，保持层次分明的效果	主要用于调制彩虹鸡尾酒

任务单　拟定一份服务方案

请为下面的酒会拟定一份服务方案：

Star公司拟于12月24日举办以新车发布为主题的酒会，宴请来宾110人，地点设在国际酒店的花园。举办方要求酒会现场典雅时尚，以烘托出Star公司高端品牌的形象。

_____小组酒会服务方案

任务评价

姓名_____　　　班级_____　　　综合评价_____

评价项目		具体要求	学生自评		教师评价		企业专家评价	
			分值	得分	分值	得分	分值	得分
酒会承接任务与要求	名称	酒会名称制定准确、有新意	8		8		8	
	标准	按任务单制定酒会服务标准	9		9		9	
	任务要求	任务与要求描述准确	8		8		8	
酒会准备	环境布置	准确描述活动的时间、地点；准确描述环境布置的要求及配合的部门；准备方案有新意切实可行	8		8		8	
	菜点准备	根据客户预订要求，准确确定菜点的数量和要求及相关负责的部门和人员	8		8		8	
	酒水准备	根据客户预订要求，准确确定酒水的数量和要求及相关负责的部门和人员	9		9		9	
酒会服务	现场指挥	制定负责人及工作要求	8		8		8	
	接待服务	分小组进行，小组工作内容准确	9		9		9	
	现场服务	制定服务标准	8		8		8	
小组活动		为了完成团队工作，提前做了充分准备	8		8		8	
		积极参与小组活动，认真思考	9		9		9	
		想法与意见对团队工作有所帮助	8		8		8	
总计			100		100		100	

在学习的过程中，收获是：

在学习的过程中，不足是：

改进方法和措施有：

单元二 西餐酒会服务

任务二 酒会设计

工作情境

了解了酒会的基本知识,让我们回顾之前的任务:Star公司拟于12月24日举办以新车发布为主题的酒会,宴请来宾110人,地点设在国际酒店的花园。举办方要求酒会现场典雅时尚,以烘托出Star公司高端品牌的形象。让我们在下面的内容中边学习边构思吧。

具体工作任务
- 尝试酒会的场地设计;
- 设计一份酒会的菜单。

活动一 了解酒会的场地设计

一场成功的酒会,选择场地是关键。既然是酒会当然要区别于传统的宴会,目前大部分的宴会与酒会都选择在各大会议厅举办,也有一些个性化的酒会选择在户外举办。如果担心天气有变,建议选择以室内会议厅为主,同时兼有户外场地举办。户外场地不仅可远观风景,温馨浪漫的布置还能给部分客人一个相对安静的交际环境,而且还可设置烧烤、燃放烟花等。

信息页 酒会的场地设计(如表2-2-1所示)

表2-2-1 酒会的场地设计

接受一场酒会的预订时,预订人员必须根据宾客的需求提供一份酒会的布置设计图,同时向宾客报价	→	酒会的设计方案应根据与会人数、宴会厅堂的形状和面积、主办方的要求及举办目的等来确定

主办方要求设立主宾席的酒会,在进行场地设计时应做到:
- 根据主办方所提供的贵宾人数,摆放座椅、长条桌,在适当的位置设置致辞台
- 为一般宾客准备一定数量的小圆桌或方桌,来宾站立进餐及饮酒;会场的四周可摆放少量的座椅,以供宾客使用
- 设立酒水服务台或吧台,数量和位置与宾客的人数以及酒会的场地相协调,以方便宾客点取鸡尾酒及服务员进行酒水服务。一般50人以上的鸡尾酒会可配两个酒水服务台
- 酒会食品台上陈列一些小吃,同时也有服务员在场内用托盘进行问让

在酒会的场地设计中,舞台布置得体、主题明确,能让所有与会宾客在进场之后便留下深刻的第一印象,那么这场酒会已成功了一半。而另外一半的成功,30%取决于餐台的布置,20%取决于服务人员的服务态度。也就是说,在一场成功的酒会中,单就布置方面便已占影响要素的80%。由此可见,场地的设计对一场酒会的成功来说是多么重要

· 33 ·

任务单　设计酒会场地

请各小组试着在下面画出Star公司新车发布酒会的场地设计。

活动二　熟悉酒会的菜单设计

通过我们的努力,场地已经设计好了,那么在酒会上我们要为客人提供哪些食品呢?

信息页　如何进行酒会的菜单设计

一、酒会菜单设计要求

酒会所提供的菜肴讲求精致、简单、方便,食物的分量有限,一般不提供沙拉和汤类食物,如表2-2-2所示。

表2-2-2　酒会菜单

CANAPES	鸡尾小点
Smoked Eel on Rye Bread with Horseradish	烟熏鳗鱼
Smoked Salmon with Quail Eggs	烟熏鲑鱼
Finest Goose Liver Mousse Walnuts	鹅肝慕司
Steak Tartar on Mini Buns	德式生牛肉
COLD CUTS	**冷盘类**
King Prawn Barquette	明虾船
Medallion of Salmonen "en Bellevue"	冷鲑鱼块
Sashimi and Assorted Nigiri Sushi with Wasabi	日式生鱼片及各式寿司
Tiger Prawns with Honey Melon in Cocktail Sauce	大虾哈密瓜
Assorted Chinese Cold Cuts	什锦中式冷盘
HOT ITEMS	**热菜类**
Crepes with Scallop Ragout in White Wine Sauce	白酒干贝卷
Burgundy Snails in Mushrooms with Garlic Butter	法国田螺洋菇盅
Assorted Dumplings in Bamboo Basket	什锦水饺
Chinese Crispy Seafood Roll	中式香脆海鲜卷
Mini Vol Au Vent with Spring Chicken in Port	迷你鸡肉起酥盅
CARVING	**现场切肉**
U.S. Beef Tenderloin with Goose Liver Stuffing	烧烤美国菲利牛排
Truffle Sauce	松露酱
Bread Basket	各式面包
PASS AROUND	**绕场服务小吃**
Grilled Seafood Skewers' Herb Butter	香烤海鲜串
PASTRIES	**甜点**
Exotic Fruit Tart	季节水果挞
Mini French Pastries	什锦小点心
Croquembouche	焦糖奶油松饼
CONDIMENTS	**配酒料**
Roast Pine Nuts & Walnuts	香烤松子、核桃
Cashew Nuts & Potato Chips	腰果、薯片
Cheese Straws	乳酪棒
Relish Platter with Cream Cheese Dip	什锦蔬菜条加乳酪酱

酒会中，一般不设置座椅，也就是说，宾客通常站立用餐。因此，酒会餐点在刀法上必须讲求精致、细腻，食物应切分成较小块、少量，使宾客能够方便拿持餐食入口，而不必再使用刀叉。

人数越多，菜单开出的菜肴种类也应随之增加。例如，200人和2000人与会的酒会，尽管每人单价相同，酒会中出现的菜色却有很大差别。由此可知，与会人数也是决定菜单内容设计的重要依据。

二、酒会菜单结构

(1) Canapes(鸡尾小点，如小饼干加乳酪、小面包加鹅肝酱等)。

(2) Cold Cuts(冷盘类)。

(3) Hot Items(热菜类)。

(4) Carving Items(现场切肉类)。酒会中必备的菜色，起码需设置一道此类食物，若多几道也无妨。但服务者在切肉食时，务必将肉块切得大小适中，以方便宾客能一口品尝为原则。

(5) Pass Around or Special Additions(绕场服务小吃)。如鸡尾小点、油炸小点心等，或者特别增加类，如手卷、烤乳猪等。

(6) Pastries &Fruit Plate(甜点及水果类)。

(7) Condiments(配酒料)。即佐酒食用餐点，如干果类、蔬菜条等，通常放置在酒会中必备的小圆桌上，以便宾客自行取用。

任务单　设计菜单样本

了解了酒会菜单的结构、食品的搭配技巧，让我们一起来为Star公司的新车发布酒会设计一份菜单吧！你可以多搜集一些酒会菜单找寻灵感，以使你的设计成品尽量整洁美观。

活动三　了解酒会的酒水设计

酒会的场地设计完毕，菜单也确定好了，我们需要为宾客们准备哪些饮品呢？

信息页　酒会的酒水设计

一、酒会的酒水概述

酒会以酒水为主，食品为辅。鸡尾酒会的设计主要内容是鸡尾酒和饮料，因为酒会的标准不同，宾客数量不等，环境、气候有别，客人的口味、酒量各异，故供应酒品的种类、数量的差异较大。鸡尾酒会应为每位宾客准备4~5杯酒水。酒会开始时，服务员可按常规同时送上几种酒水，给客人一个直观的选择机会。

就调酒师而言，准备适量的下列酒水为宜：白兰地、威士忌、伏特加、朗姆酒、金酒、味美思、利口酒、葡萄酒、香槟酒、啤酒等。非酒精饮料有番茄汁、橙汁、柠檬汁、菠萝汁、汽水、矿泉水、姜汁、可乐、苏打水等。在鸡尾酒会上，大多数是用来调制鸡尾酒的，一般非酒精饮料以单饮的方式服务于宾客。调制鸡尾酒时，要注意符合宾客的口味、心理特征。

二、西餐常用酒水介绍

1. 开胃酒

开胃酒主要用在餐前饮用，目的是为了刺激食欲。开胃酒主要品种如表2-2-3所示。

表2-2-3　开胃酒

开胃酒品种	介绍	著名产地	名品
味美思(Vermouth)	以白葡萄酒为基酒，加入龙胆、小茴香等多种香料、草药浸制而成	法国、意大利	法国的诺利·普拉(Noilly Prat)，意大利的马蒂尼(Martini)、仙山露(Cinzano)
比特酒(Bitters)	由多种草药、树根、树皮等经葡萄酒或食用酒精浸制而成	意大利、法国、德国	法国的杜本内(Dubonnet)、意大利的金巴利(Campari)
茴香酒(Anisette)	由大小茴香浸制而成，酒精含量高，通常在45%左右	法国	法国的潘诺(Pernod)、里卡德(Ricard)

2. 甜食酒

甜食酒口味较甜，一般作为佐助甜食时饮用的酒品，如表2-2-4所示。

表2-2-4 甜食酒

品名	产地	名品
雪莉酒	西班牙	潘马丁(Pemartin)、布里斯托(Bristol)等
钵酒(波特酒)	葡萄牙	泰勒(Taylors)、圣地门(Sandeman)等
马德拉酒	葡萄牙	鲍尔日(Borges)、巴贝都王冠(Crown Barbetito)、利高克(Leacock)、法兰加(Franca)等

除此之外还有餐后甜酒，是在蒸馏酒或食用酒精中加入芳香原料配制而成的。它有较好的助消化作用，主要用作餐后酒或是调制鸡尾酒。名品主要有：本尼狄克(Benedictine D.O.M)、谢托利斯(Chartreuse)、乔利梳(Curacao)、金万利(Grand Marnier)、君度(Cointreau)、薄荷酒(Creme de Menthe)等。

3. 佐餐葡萄酒

佐餐葡萄酒包括白葡萄酒(White Wine)、红葡萄酒(Red Wine)、玫瑰葡萄酒(Rose Wine)、葡萄汽酒(Sparkling Wine)、香槟酒(Champagne)等。

4. 烈性酒

烈性酒就是在酿造生产过程中，采用蒸馏的方法浓缩酒精，提高酒度的酒种，酒度常在40°以上，因此属烈性酒。常见的有金酒(Gin)、威士忌(Whiskey)、白兰地(Brandy)、伏特加(Vodka)、朗姆酒(Rum)、特吉拉酒(Tequila)等。

任务单　设计酒单

了解有关酒会的酒水知识，让我们一起来完成设计工作的最后一项——为Star公司的新车发布酒会设计一份酒单吧！酒水搭配尽量合理，酒单的设计要美观大方。

任务评价

姓名_____   班级_____   综合评价_____

评价项目	具体要求	学生自评		教师评价		企业专家评价	
		分值	得分	分值	得分	分值	得分
场地设计	符合客户要求，设计合理	25		25		25	
菜单设计	1. 菜单样本类别清晰	8		8		8	
	2. 菜单内容典型	9		9		9	
	3. 信息收集渠道多	8		8		8	
酒单设计	1. 酒水搭配合理	12		12		12	
	2. 酒水的种类和数量适宜	13		13		13	
小组活动	为了完成团队工作，提前做了充分准备	8		8		8	
	积极参与小组活动，认真思考	8		8		8	
	想法与意见对团队工作有所帮助	9		9		9	
总计		100		100		100	

在学习的过程中，收获是：

在学习的过程中，不足是：

改进方法和措施有：

任务三 酒会服务

工作情境

布朗夫妇准备在女儿20岁生日那天在自家花园举办一场露天生日聚会——鸡尾酒会,届时将邀请一些同事和朋友参加。为获得聚会的成功,你作为国际酒店西餐厅的员工帮助布朗夫妇设计举办这次酒会,并为这次酒会进行服务。

具体工作任务

- 熟悉酒会服务的准备工作;
- 熟悉酒水服务;
- 熟悉酒台服务;
- 熟悉食品服务。

活动一 熟悉酒会服务的准备工作

在布朗夫妇女儿的生日酒会举行前,我们应该做哪些准备工作呢?让我们一起来看看吧。

信息页 酒会的准备工作(如表2-3-1所示)

表2-3-1 酒会的准备工作

准备工作	内容	操作标准
吧台	酒会的临时吧台由酒吧服务员负责在酒会前备好	酒吧服务员根据标准准备各种酒水、用具和冰块
餐台	1. 将足够数量的餐盘、刀叉放在餐台的适当位置,便于宾客拿取 2. 餐台上陈列小吃、菜肴;放置适量的服务匙、叉,供宾客取用	1. 餐盘设定数量为参加人数的2.5~3倍 2. 点心叉或餐叉的数量为参加人数的2~2.5倍 3. 规格高的酒会还应备有切肉餐车,为宾客切割牛柳、火腿等
餐桌餐椅	依据主办方要求,场内摆放适量的小餐桌和餐椅	桌上放花瓶、餐巾纸、牙签盅等物品
人员分工	宴会厅主管根据酒会规模配备服务人员,专人负责托送酒水、菜点或调配鸡尾酒,并提供各种饮品	一般以1人服务10~15位宾客的比例配员

> **任务单　服务人员分工**
>
> 　　分工明确是保证一项活动顺利开展的重要环节，请以小组为单位，为生日酒会服务的人员进行分工吧！

活动二　熟悉酒水服务

信息页　酒会的酒水服务（如表2-3-2所示）

表2-3-2　酒水服务

酒水服务内容	服务要求
1. 各种酒水饮料由服务员在宾客中巡回托让。让酒水时，要精神集中，由宾客自己选择托盘上的酒水或另点鸡尾酒 2. 要有专人负责回收空酒杯，以保持小餐桌桌面清洁。不要边让酒水边收空杯	当宾客祝酒时，托让酒水一定要及时

> **任务单　以小组为单位模拟酒水服务**
>
> 　　地点：西餐实训教室。
> 　　用具：酒水、酒具及其他必备服务用具。
> 　　评价标准：参见酒水服务表。

活动三 熟悉酒台服务

信息页 酒会的酒台服务（如表2-3-3所示）

表2-3-3 酒台服务

酒台服务内容	服务要求
1. 酒台服务员依据主办方要求和人数备齐、备足酒水 2. 调酒师调兑宾客所需的鸡尾酒 3. 根据酒水种类备足洁净的酒杯 4. 酒会开始前布置整理好酒台台面	1. 对带汽的酒和贵重酒类应随用随开，减少浪费 2. 各种鸡尾酒的调制要严格遵循规定的比例和标准操作

任务单 以小组为单位模拟酒台服务

地点：西餐实训教室。

用具：酒水、酒具及其他必备服务用具。

评价标准：参见酒台服务表。

活动四 熟悉食品服务

信息页 酒会的食品服务（如表2-3-4所示）

表2-3-4 食品服务

食品服务	内容	操作要求
菜肴服务	在酒会开始前半小时把各种干果、点心摆放在餐台上。酒会开始后，陆续上各种热菜热点，并随时注意撤回空盘	酒会中要保证有足够数量的盘、碟、叉、匙，以方便宾客取食，添加点心、菜肴
小吃服务	1. 小吃服务员最好跟在让酒水服务员的后面，以方便宾客取食下酒 2. 酒会结束，仍有宾客未离开时，应留有专人继续服务	要注意多让距小桌较远的宾客，特别是坐在厅堂两侧的宾客

任务单 为生日酒会进行食品服务

用具：酒水、酒具、餐具及其他必备服务用具。

评价标准：参见酒会食品服务表。

任务评价

姓名_____　　　　班级_____　　　　综合评价_____

评价项目	具体要求	学生自评		教师评价		企业专家评价	
		分值	得分	分值	得分	分值	得分
酒水服务	托让酒水时,精神集中,能向宾客介绍酒水	20		20		20	
酒台服务	酒水、小吃服务规范	20		20		20	
食品服务	菜肴服务: 提前准备、餐具准备、及时添加	10		10		10	
	小吃服务: 服务及时,照顾全面	10		10		10	
专业素养	服务用语标准	6		6		6	
	能用英语介绍酒水和食品	6		6		6	
	灵活处理各项事宜,能为来宾提供满意的服务,具有较强的服务意识	8		8		8	
小组活动	为了完成团队工作,提前做了充分准备	6		6		6	
	积极参与小组活动,认真思考	6		6		6	
	想法与意见对团队工作有所帮助	8		8		8	
总计		100		100		100	

企业评语:

在学习的过程中,收获是:

在学习的过程中,不足是:

改进方法和措施有:

任务四 酒会结束工作

工作情境

布朗夫妇为女儿20岁生日举办的酒会非常成功,参加酒会的嘉宾非常高兴,我们一起为酒会做好最后的收尾工作吧。

具体工作任务
- 完成酒会结束工作。

活动 学习酒会结束工作

信息页 酒会的结束工作(如表2-4-1所示)

表2-4-1 酒会的结束工作

服务项目	工作内容
结束工作	1. 酒会一般进行一个半小时左右
	2. 酒会结束时,服务员礼貌送客
	3. 宾客结账离开后,服务员将余下的酒品收回酒吧存放,脏餐具送洗涤间,干净餐具送回工作间。撤下台布,收起台裙,恢复场地

知识链接

酒会服务英语常用句

1. Welcome to our bar.

    欢迎光临。

2. Have a pleasant evening, and enjoy your stay with us.

    祝您在这里度过一个愉快的夜晚。

3. Do you like something to drink?

    您想喝点什么?

4. How about our special cocktail?

    来一杯我们特制的鸡尾酒,好吗?

提示 　　　　　　　　**酒会服务注意事项**

（1）酒会服务中应保持微笑，并使用礼貌用语。

（2）酒会开始时，在最短时间内让所有宾客人手一杯酒水。

（3）酒会开始15～20分钟后，场内服务员要协助客人收走空杯，以送洗并配合接下来的服务。

（4）收取空杯时，应注意礼貌，不确定客人是否还需要时应征询客人意见。

（5）宾主讲话前，应及时送上酒水。

任务单　模拟结束服务

　　用具：酒水、酒具、餐具及其他必备服务用具。

　　评价标准：参见酒水结束工作表。

任务评价

姓名_____　　　班级_____　　　综合评价_____

评价项目	具体要求	学生自评		教师评价		企业专家评价	
		分值	得分	分值	得分	分值	得分
酒会结束工作	1. 送客	20		20		20	
	2. 结账	20		20		20	
	3. 整理	20		20		20	
专业态度及素养	能积极主动地完成服务，具备服务意识	20		20		20	
小组活动	配合默契，积极主动	20		20		20	
总计		100		100		100	

企业评语：

在学习的过程中，收获是：

在学习的过程中，不足是：

改进方法和措施有：

单元三

西餐自助餐宴会服务

自助餐宴会,是当今较流行的服务方式,适用于会议用餐、团队用餐和各种大型活动,多在室内举行,亦可在室外庭院空场举行。其菜点以冷菜为主,菜肴丰盛、美观。席间客人可以自由活动,自行到食品台选取菜点、酒水、饮料,可单独设置吧台,也可由餐厅服务员端至客人间巡回敬让。

任务一 自助餐宴会的策划

工作情境

A公司的张总准备在国际酒店宴会厅举办一场自助餐宴会。他描述了去年他在这里举办自助餐宴会的场景：走进国际酒店宴会厅，迎面看到两条长龙式的餐台，数十米长桌上摆满海鲜浓汤、澳洲龙虾、美国生蚝、苏格兰腌三文鱼、俄罗斯鱼子酱、法式鸭翼、日式墨鱼仔、鲜多士、芒果带子船等冷盘和沙拉；服务人员娴熟地在客人面前烹调着美国西冷牛扒、纽西兰牛柳、鲜大虾；长桌上摆满了日本酱油、芥辣、洋葱圈、西椒等酱料；布菲炉里盛放着咸牛肉炒饭、干炒火腿意粉、红酒焗牛柳、锡纸薯、腌肉鲜露笋等热菜；甜品台上摆了许多西饼和西点，并赠送5个品种的鸡尾酒；50多种菜肴摆放在菜台上。各种食品均用漂亮的器皿盛放，每种食品前备有公用刀、叉、勺、筷等餐具供宾客使用，宾客可随意挑选适合自己口味的食品，或站或坐地商谈，这种氛围轻松的商务活动，令人难忘。那么今年想要出色完成自助餐宴会服务，我们该怎样策划呢？一起来学习吧。

具体工作任务

- 了解自助餐宴会及策划；
- 了解自助餐宴会菜单的设计。

活动一 了解自助餐宴会

信息页 西餐自助餐宴会相关知识

一、西餐自助餐宴会的起源

第二次世界大战时，自助餐(Buffet)被引入军用食堂，并逐渐发展成主食、甜品、热汤等供自助挑选的就餐形式。战后，这种自助餐随着一些世界级酒店向东南亚等地进驻，近年在餐饮界成为一种时尚饮食文化。

二、西餐自助餐宴会的特点

自助餐宴会是非常适用于商务客人、外交使节、公关销售人员的聚会形式，席间宾客可以随意自取食品和饮料。

(1) 自助餐宴会的设计近似于自助餐的设计，但一般要比自助餐的规模大、布置华丽、场面壮观、气氛热烈、环境高雅，给宾客以舒适高贵的感觉。

(2) 自助餐宴会设有食品台，摆放着各种精美菜点，宾客能在短时间内品尝到自己所喜爱的佳肴。

(3) 一般有设座和立式两种就餐形式，可分为自助、半自助和VIP服务。不设座的立式就餐形式可以在有限的空间里容纳更多宾客，而且气氛活跃，不必拘泥于礼仪。设座自助餐宴会的规格较立式高，客人得到的个别照顾较多。

(4) 自助餐宴会上供应的酒水一般单独集中于一处，宾、主既可自己上前选用，也可由服务员托盘送上。

(5) 举办的时间通常在12:00—14:00或17:00—19:00。这种宴请形式适宜招待人数众多的宾客。

> **任务单　有关西餐自助餐宴会的知识你了解了吗**
>
> 一、西餐自助餐宴会来源于_____。这种宴请方式适用于_____、_____和_____。
>
> 二、描述一下西餐自助餐宴会与西餐酒会的不同。

活动二　学习自助餐宴会的策划

信息页一　有关自助餐宴会的策划

自助餐宴会因其气氛热烈、摆台美观、自取自用、轻松随意而为许多重要活动所采用。自助餐宴会的操作规程、环境设计、食品摆台与气氛营造一般都要求实用价值与艺术价值并重。具体如表3-1-1所示。

表3-1-1　西餐自助餐宴会策划

确定餐台主题	大型自助餐宴会场面大，参加人数多，特别是一些国际性的自助餐宴会，因与会者的国籍、身份、职业、风俗习惯、宗教信仰和忌食特点的不同，所以相差很大。为满足不同宾客的饮食口味和欣赏情趣，必须根据宴会特点设计出若干个不同主题的餐品，形成各具特色的风味中心
突出自助餐宴会特点	自助餐宴会的宾客对环境的要求比较高，所以设计者要特别注意对环境的设计。就餐环境应该宽敞，色调应以明快为主，灯光宜采用暖色调，背景音乐宜选用悠扬、舒缓的传统乐曲，空气要保持清新

(续表)

食品台、酒水台的设计	1. 食品饮料的设计和器皿、餐桌椅等的摆放要考虑到宾客走动取食、边吃边谈的特点 2. 要根据主题设计特色食品，要在会场适当位置重摆放主要食物、饮料和餐具，这样可以防止会场一端的宾客到另一端长距离行走取用食物，造成不必要的拥挤 3. 盛放食物与饮料的器皿宜采用多种材料和造型，如银器、瓷器、陶器、玻璃、水晶、原木、竹刻、竹编、果蔬外壳等，还要注意摆放环境的形式与内容协调
餐桌的摆放	餐桌的安排既要有宴会的中心主桌，又不能使其他宾客感到过于靠边角，餐桌的尺寸和分布根据就餐人数而定，以便留出较大的活动空间
装饰设计	名酒摆放在衬有精致丝绒的酒架上，华丽高雅、不落俗套；现场烤肉在粉红色灯光下进行，会更加突出肉质的鲜美，令人垂涎；巧克力塔、色彩绚丽的西点都可以成为装饰的元素
席间娱乐设计	席间娱乐和现场操作是自助餐宴会中活跃气氛的一种手段，与食品、环境和服务一起构成自助餐宴会的4大要素。一般席间娱乐有歌舞表演、音乐欣赏、现场抽奖、时装表演、宾客参与表演小节目等形式，室外自助餐宴会还可以增加篝火和焰火晚会等。厨师现场烹饪制作食品在自助餐宴会上经常采用，各式现场烧烤、调制鸡尾酒等，也往往成为最受欢迎的节目

信息页二 自助餐宴会的服务方案(如表3-1-2所示)

表3-1-2 自助餐宴会服务方案

账户：××××	联系人：Mr.Lee
单位：×××	签　　名：Mr.Lee
功能：×××	电　　话：×××
地址：×××	传　　真：×××
邮编：100000	宴会经理：Peter
	销售经理：Peter

日期	时间	功能	布置	地点	保证人数	预计
2018-05-27(周日)	8:00AM—6:00PM	布置	空	新阁大宴会厅	20	20
2018-05-27(周日)	6:00PM—9:00PM	西餐	自助餐台	新阁大宴会厅	100	120
2018-05-27(周日)	6:00PM—8:00PM	VIP房间	沙发座位	新阁VIP房间	20	20

菜单	布置
西式菜单 用餐时间：18:00—21:00 法式土豆沙拉　FRENCH POTATO SALAD 意式蘑菇沙拉　ITALIAN MUSHROOM SALAD 蘑菇冷切肠　MUSHROOM COLD CUT 意大利烤鸡肉沙拉　BAKE BABY CHICKEN SALAD 玫瑰三文鱼拼盘　SALMON ROSE PLATE 法国尼斯沙拉　FRENCH NICE SALAD 烟熏鸭胸冷切　DUCK BREAST PLATE	房间：新阁大宴会厅 时间：8:00AM—6:00PM -公司将于2018年5月26日18点开始背景布置 -请宴会部收取现金RMB10 000元作为押金 -宴会请安排夜班并检查电工本 房间：新阁大宴会厅 时间：6:00PM—9:00PM -需要搭建12m×5.4m×0.4m背景台 布置120人的圆桌形式 -12×10人圆桌(金台布) -所有餐桌鲜花装饰 -请在"礼品区"摆放IBM桌8张以及红色桌位，椅子5把

(续表)

菜单	布置
海鲜沙拉 SEAFOOD SALAD 棱火腿配青橄榄切片 HAM WITH OLIVES 什锦水果沙拉 MIX FRESH FRUIT SALAD 寿司 SUSHI 田园沙拉 GREEN SALAD **三明治 SANDWICH** 火腿三明治 HAMSANDWICH 金枪鱼三明治 TUNA FISH SANDWICH **甜品类 DESSERT** 布朗尼巧克力蛋糕 BROWNIE 维也纳果挞 FRUIT TARTE 法式苹果派 APPLE PIE	-接待台摆放银盘和一束#20鲜花 -准备10张免费停车券 房间：新阁VIP房间 时间：6:00PM—8:00PM -布置20人的座位 -客人到达后上酒水 音频视频 麦克2个 其他部门 房间：侧翼大舞厅 时间：8:00AM—6:00PM 客房部： -衣帽间、洗手间 花店： -20束鲜花用于接待台 -5束鲜花用于VIP房间茶几 -10张圆桌鲜花 **行政主厨**：请了解宴会安排

BEO# __6597__

宴 会 日 期：27/5/2018—27/5/2018
宴会预订编号：6597—6597
变 更 时 间：09:00—23:00
变 更 日 期：25/5/2018—25/5/2018

账户名称：×××
补充名称：×××
客户单位：×××
补充名称：×××
宴会预订名称：×××
BEO#：6597
补充名称：×××

宴会日期	宴会时间	任务名称
25/5/2018	08:00	布置
25/5/2018	18:00	年会
25/5/2018	18:00	VIP房间

变更日期	变更时间	变更承办人	变更内容
25/2/2018	09:00	Lynn Lin	宴会/行政主厨/ 18:00—21:00 新阁大宴会厅 西式自助餐宴会 保证人数：100人 预计：120人

任务单　尝试策划自助餐宴会

请根据信息页二在小组内自拟主题，尝试策划一次西餐自助餐宴会，并列出需要做的工作。

_____小组的策划单

活动三　熟悉自助餐宴会菜单的设计

信息页　自助餐宴会菜单设计

菜单设计首先要坚持整体性，在为主题服务的前提下，充分考虑主人和客人的意见与餐饮习惯。同时，又要坚持多样性。主菜从色彩上可艳丽些，冷暖搭配、深浅搭配。菜单设计既可增加进食气氛，也有利于提高菜肴质量。自助餐宴会菜单的构成，如表3-1-3所示。

表3-1-3　自助餐宴会菜单

COLD ITEMS	冷盘类
Baked Salmon with Fish Mousse in Brioche	烤鲑鱼
Goose Liver Mousse on Ice Carving	冰饰鹅肝慕司
Japanese Sashimi and Nigini Sushi with Wasabi	日式高级生鱼片
Chinese Deluxe Cold Cuts	中式特选拼盘
Roast Rib of Beef with Remoulade Sauce	烤牛肉片
Ham Baked in a Bread Crust with Pickles	焗火腿
HOT ITEMS	热菜类
Sauteed Spring Chicken in Woodland Mushroom Sauce	炒野菇春鸡
Ragout of Seafood Vol Au Vent	海鲜酥盒
Pomfret Fillet in Tomato and Butter Sauce	茄汁鲳鱼块
Lamb Stew Prinaniere with Tarragon	茴香焖羊肉
Homemade Spinach Noodles	菠菜面

(续表)

Oriental Rice with Pine Seeds	松子饭
Assorted Seasonal Vegetables	各式季节生蔬菜
SALADS	沙拉类
Cucumber with Dill Yoghurt Dressing	茴香酸奶黄瓜
Tossed Garden Greens Italian Style	意式蔬菜沙拉
Mushroom Salad	洋菇沙拉
Tuna Fish Salad	金枪鱼沙拉
Chicken Salad with Apples	苹果鸡肉沙拉
CARVIG	现场切肉
Fillet of U.S. Beef Wellington with Perigourdine Sauce	烤美国威灵顿式牛排配红酒汁
BREAD	面包类
French Roll and Butter	法式餐包及牛油
SOUP	汤类
Clear Qxtail with Cheese Straws	炖牛尾清汤
DESSERTS	甜点类
Fresh Fruit Platter & White Chocolate Mousse	水果拼盘、白巧克力慕司
Assorted French Pastries	各式法式蛋糕
Black Forest Cake & Cream Caramel	黑森林蛋糕、焦糖布丁
Selection of International Cheese and Crackers	特选国际名牌乳酪
BEVERAGE	饮料
Coffee or Tea	咖啡或红茶

自助宴席菜肴的数量与参加人数相关，100人以下，大约为40款；100～500人，在50～60款；500人以上，在70款以上。

任务单　设计宴会菜单

收集有关西餐自助餐宴会菜单的资料，请试着以中英文编制一套西餐自助餐宴会的菜单，人数自定。

任务评价

姓名_____　　　班级_____　　　综合评价_____

评价项目	具体要求	学生自评		教师评价		企业专家评价	
		分值	得分	分值	得分	分值	得分
自助餐宴会基本知识	了解自助餐宴会的基本知识及特点	25		25		25	
自助餐宴会的策划	策划合理，内容翔实并且是可实施的	25		25		25	
菜单设计	内容全面，搭配合理，大方美观	25		25		25	
小组活动	为了完成团队工作，提前做了充分准备	8		8		8	
	积极参与小组活动，认真思考	8		8		8	
	想法与意见对团队工作有所帮助	9		9		9	
总计		100		100		100	

在学习的过程中，收获是：

在学习的过程中，不足是：

(续表)

评价项目	具体要求	学生自评		教师评价		企业专家评价	
		分值	得分	分值	得分	分值	得分
改进方法和措施有：							

任务二　自助餐宴会前的布置

工作情境

完成了自助餐宴会的策划工作，并得到了A公司张总的认可，接下来我们就动手进行宴会的布置工作吧。

具体工作任务

- 自助餐宴会布置；
- 食品台的台形设计；
- 食品台的布置。

活动一　了解自助餐宴会的布置

信息页　自助餐宴会布置

一、环境布置

自助餐宴会可以在宴会厅或庭院花园里举行。它不同于传统的中式宴请，是讲主题、讲环境、讲品格的宴请方式，因此，不同的自助餐宴会应有不同的清晰的主题，要创造或设置于不同的环境。譬如，重大的节日宴请，有影响的活动宴请，接踵而来的圣诞节、元旦、春节欢庆等，都有其独特的内涵和外延，都有不同的主题，必须在自助餐宴会的主题和环境上有不同的体现，既有共性，又有个性。

背景灯光与音乐的设置对于烘托宴会气氛将起到重要的作用。局部灯光的使用是自助餐宴会的重要内容，这里主要是指直接照射菜肴的辅助光源的设计和使用。辅助光源照射在菜肴上，可以起到两个基本作用：保温和增色。所谓保温，是指可以对热菜或点心起到防冷及增脆的作用；所谓增色，是指不同光谱的灯光，可以给不同色彩的菜肴增添色彩，增加美感。

优美的音乐和训练有素的乐队，是大型自助餐宴会高档次的重要表现。乐能助酒、乐能助兴，好的音乐和乐队，能使参会宾客敞开心怀、畅快交流，这也正是自助餐宴会举办的宗旨所在。

二、食品台的台形设计

1. 食品台设计原则

(1) 保证有足够的空间布置食品台。食品台数量应充分考虑客人的取食品进度，以免出现客人排队或坐在自己座位上等候较长时间的情况。每80～120人设一组，500人以上可每150人设一组。

(2) 现场操作的菜点，主菜如烤牛排等较受客人欢迎的菜点，为了避免出现拥挤，应该设置独立的供应摊位。

(3) 为了突出主题，可在厅堂的主要部位布置一张装饰台，通常是点心水果台。

(4) 要注意客人取菜路线的流向，人流的交汇处应在取菜口上，而非取菜处的尾部，因为客人手持盛满菜肴的菜碟穿过人群时是比较危险的。另外，尽量与加菜厨师的路线分开。

2. 自助餐宴会的食品台形式

自助餐宴会的食品台是宴会中占据视线，且最能反映氛围的部分，是宴请的主色调。自助餐宴会的食品台可采用拼接形式。食品台拼接的先决条件是各类桌子的尺寸必须规范，桌形的变化要服从实际的需要。

食品台的形式多种多样，典型台形如表3-2-1所示。

表3-2-1 食品台的台形设计

类型	图示
U形长条类食品台。中间的空隙可以站服务员，为客人提供分菜服务，提高客流速度	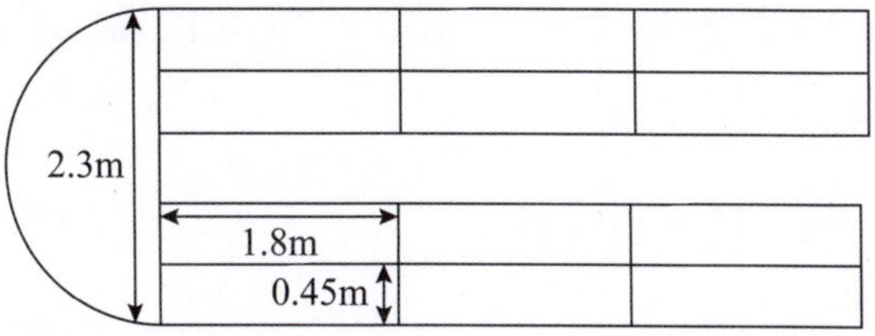 （2.3m，1.8m，0.45m）
步步高形长条类食品台。在相同的占地面积下拉长了桌子的周长，增加了同时取菜客人的数量，从而减少了客人的等候时间	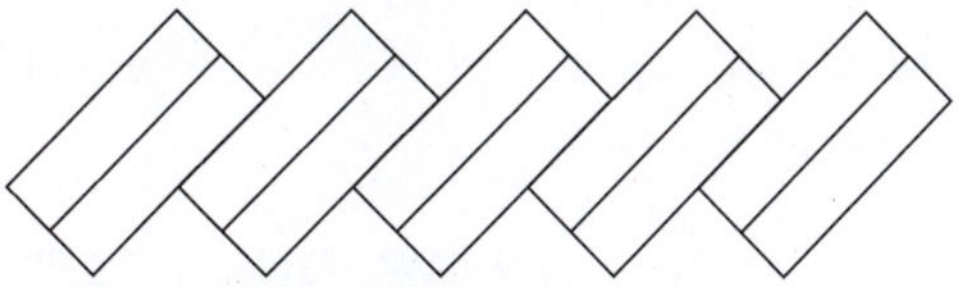
V形长条类食品台。从中间开始取菜的客人取菜后，会很自然地顺着台形分散，降低了客人手持盛满菜肴的菜碟穿过人群的危险性	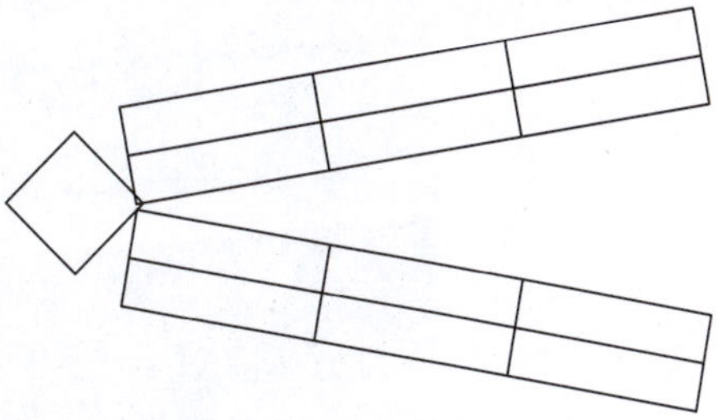
车轮形中心类食品台。食品台中心抬高后可摆放大型黄油雕、冰雕等饰品	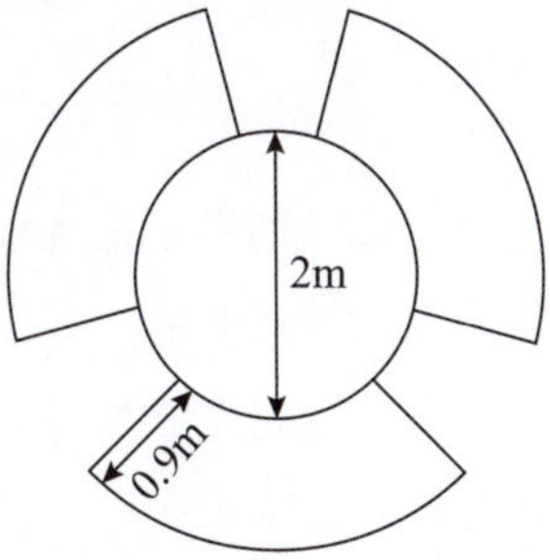 （2m，0.9m）

(续表)

类型	图示
半灯笼形贴边类食品台。食品台与装饰台的结合，与圆灯笼桌形配合布置可营造出中式的喜庆氛围	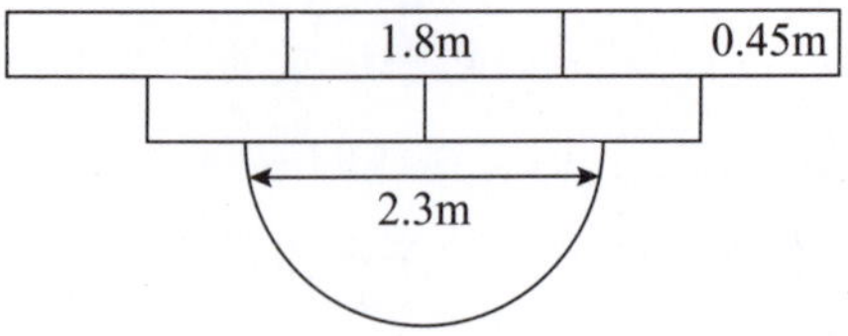 1.8m 0.45m / 2.3m
V形嵌角类食品台。可利用厅房的四角，也可用于两组特色独立供应摊，食品台后面的空间可布置绿色植物或作为员工的空间	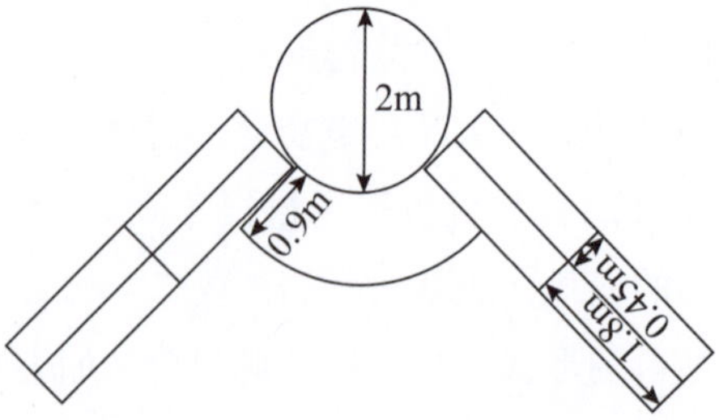 2m / 0.9m / 1.8m 0.45m

除了设置完整的主食品台外，还可将一些特色菜分设出来，如沙拉台、甜品台、切割烧烤肉类的肉类台等。当然，食品台的设计还需要根据不同主题及顾客需求等情况灵活处理。

三、酒水台设计

自助餐宴会具有气氛轻松、可自由交流的特点，因此在宾客享受上，酒和饮料的作用就更为重要。高规格的自助餐宴会，除了酒和饮料的多样性外，还可以增加鸡尾酒，以增添现场的活跃气氛。

自助餐宴会酒台设计的重点是规划酒吧台和食品台位置，并设计客户所欲表达的宴会主题。酒吧要摆设美观，酒水丰盛，其数量、位置要求与来宾的人数、会场的场地相适应，并且要考虑方便来宾点、取鸡尾酒与服务员为客人送饮料。应在会场内设立数量适当的小型餐桌，供来宾站立饮酒、用餐时使用。

> **任务单　菜台设计**
>
> 设计一组由你拟定主题的自助餐宴会食品台、酒水台设计图。

活动二　熟悉自助餐宴会的食品台布置

信息页　自助餐宴会的食品台布置

1. 装饰品的摆放

食品台的设计要突出主题，注意层次感和立体感，装饰物品的摆放要高低错落。

2. 菜肴的摆放

(1) 菜肴的摆放顺序要方便宾客取菜。一般可根据冷菜部分、热菜部分、点心水果部分分段放置。汤汁、调味品等应摆在相关菜肴的旁边。

(2) 布置冷菜及热菜时，热菜的种类应有所限制，这与降低食品成本和减少厨房工作量关系重大。成本较低的主菜应布置在冷菜之后。客人盛满沙拉、凉菜、开胃品后，自然会减少选择热菜的分量。

(3) 排列冷菜时要注意将荤素、颜色、口味调开，做到美观新颖、色彩鲜明，并且未开餐前要用保鲜纸封好，亦可用冰块保持其凉度。热菜要用保温锅保温。

(4) 菜肴的装饰也十分重要，可选用不同的盛器，如银盘、金盘、竹篮来盛装不同的菜肴、配料。

3. 餐具的摆放

(1) 食品台上应摆放数量充足、供宾客取食菜点用的餐具。小型自助餐宴会可在餐台的两端各放一摞餐盘。大型自助主题宴会可分几处摆放餐具，以起到分散客流的作用。餐盘的种类可根据菜点的种类来选定，一般分别为客人提供装冷菜用的冷菜盘，装热菜用的主菜盘，装甜品、水果用的甜品盘和装汤用的汤盘等。

(2) 如为不设座的，应在食品台上为宾客摆放相应的餐用具，如主餐叉、甜品叉、汤勺、牙签等。

(3) 在每盘菜前都应放上取菜用的公用叉、勺或餐夹，供客人取食时使用。

4. 酒水及杯具的摆放

自助餐宴会中供应酒水，还应专门设计酒吧台，为宾客提供酒水服务。宴会中常供应的酒水有葡萄酒、啤酒、果汁等。

> **任务单　设计与布置自助餐宴会食品台**
>
> 操作工具：餐桌、台布、台裙、餐盘、模拟菜点、装饰物、餐具。
> 评价标准：参见食品台设计与布置的具体要求。
>
>

任务评价

姓名_____　　　班级_____　　　综合评价_____

评价项目	具体要求	学生自评		教师评价		企业专家评价	
		分值	得分	分值	得分	分值	得分
环境布置	符合主题、有创意	25		25		25	
食品台台形设计	台形设计合理	13		13		13	
	符合主题	12		12		12	
食品台布置	台面设计合理、美观	8		8		8	
	摆放合理，方便宾客取菜	9		9		9	
	主题突出	8		8		8	
小组活动	为了完成团队工作，提前做了充分准备	8		8		8	
	积极参与小组活动，认真思考	8		8		8	
	想法与意见对团队工作有所帮助	9		9		9	
总计		100		100		100	

企业评语：

(续表)

评价项目	具体要求	学生自评		教师评价		企业专家评价	
		分值	得分	分值	得分	分值	得分
在学习的过程中，收获是：							
在学习的过程中，不足是：							
改进方法和措施有：							

任务三 自助餐宴会餐中服务

工作情境

国际酒店终于迎来了A公司的用餐客人，自助餐宴会马上开始。服务的要点你都清楚了吗？

具体工作任务
- 熟悉酒水服务内容及要求；
- 熟悉食品台服务内容及要求；
- 熟悉餐台服务内容及要求。

活动一 熟悉酒水服务

信息页 自助餐宴会的酒水服务（如表3-3-1所示）

表3-3-1 自助餐宴会的酒水服务

酒水服务内容	服务要求
站位迎宾	客人来到宴会厅门口，应主动上前热情欢迎并礼貌问候；如有需要，接挂衣帽
托送酒水服务	1. 客人进入宴会厅时，应用托盘托送各种酒水请客人取用，以减轻吧台的压力 2. 在客人用餐过程中，应不断托送酒水巡回其中 3. 将宴会厅各处用过的酒杯及时送至洗杯处清洗、消毒 4. 协助吧台调酒师做好其他酒水服务工作

(续表)

酒水服务内容	服务要求
吧台调酒师	1. 在宴会刚开始的10分钟，调酒师应将斟好的酒水迅速递送给客人和酒水服务员，因此应在宴会开始前备好第一轮酒水 2. 宴会开始10分钟后应及时按客人人数摆好第二轮酒杯并迅速倒好酒水 3. 宴会过程中应根据客人的饮用喜好补充酒水与酒杯，并及时将用过的酒杯送去清洗、消毒 4. 酒水应在吧台上分类、整齐地排列好 5. 宴会结束前的10分钟也是酒水消费的高峰，应保证供应 6. 及时统计酒水、饮料的消耗，以便宴会结束时准确结账

任务单　自助餐宴会酒水服务

地点：西餐实训教室。

用具：西餐自助餐台、餐具、托盘、酒水及其他必备服务用具。

评价标准：参见自助餐宴会酒水服务的具体要求表。

活动二　熟悉食品台服务

信息页　自助餐宴会的食品台服务

一、食品台服务要点

(1) 自助餐宴会开始后，应主动提供餐盘并协助客人取菜。

(2) 及时补充餐盘、刀叉等餐具，以方便客人取食。

(3) 随时回答客人有关菜点的询问，为客人分派主菜。

(4) 及时清洁或更换取菜的公用叉、匙。

(5) 适时整理菜点，保持菜肴的美观。

二、西餐菜单原料

西餐原料的选料之广，完全不亚于中餐。许多人在印象中一直认为西餐的菜肴原料具有很大的局限性，这是片面的。人们通常认为的西方人不吃动物内脏的说法，实际上也是有失偏颇的。在法国大菜的餐桌上，也会提供像鸡肠这样人们通常不屑一顾的菜肴。当然，有一点必须承认的是，西方人食用动物内脏的习惯并不普遍，在西方的饮食习惯中还是有差异的。掌握西餐常用的原材料名称，是进一步了解和掌握菜单的基础。熟记这些基本的菜单原料名词，你会发现掌握西餐的菜单并不是件难事。

我们将西餐菜单中常用的原料分为以下几大类(如表3-3-2～表3-3-5所示)，并附上中英文对照，供大家学习参考。

表3-3-2 蔬菜(Vegetable)

茄子	Eggplant	大蒜	Garlic
芦笋	Asparagus	茴香	Fennel
鲜玉米笋	Baby Corn	四季豆	French Bean
红菜头	Beetroot	生姜	Ginger
甜椒	Bell Pepper	银杏	Gingko
西兰花	Broccoli	青豆	Green Bean
胡萝卜	Carrot	豌豆	Green Pea
椰菜花	Cauliflower	青椒	Green Pepper
芹菜	Celery	辣根	Horseradish
小番茄	Cherry Tomato	生菜	Lettuce
蘑菇	Mushroom	薄荷	Mint
香菜	Coriander	玉米	Corn
洋葱	Onion	南瓜	Pumpkin
荷兰豆	Snow Bean	葱	Spring Onion
红椰菜	Red Cabbage	红甜椒	Red Bell Pepper

表3-3-3 水果及坚果(Fruit & Nuts)

杏仁	Almond	葡萄	Grape
芦荟	Aloe	西柚	Grapefruit
苹果	Apple	青榄	Green Olive
梅子	Apricot	蜜瓜	Honey Dew Melon
鳄梨	Avocado	猕猴桃/奇异果	Kiwi
香蕉	Banana	金橘	Kumquat
黑加仑	Black Curant	柠檬	Lemon
黑榄	Black Olive	青柠	Lime
黑梅	Blackberry	莲藕	Lotus Root
哈密瓜	Cantaloupe	荔枝	Lychee
腰果	Cashew Nut	橘子	Mandarin
樱桃	Cherry	芒果	Mango
可可	Cocoa	椰子	Coconut
木瓜	Papaya	桃子	Peach
加应子	Currant	花生	Peanut
乌梅	Damson	梨子	Pear
布朗果	Dark Plum	柿子	Persimmon
枣	Date	松子	Pine Nut
榴莲	Durian	菠萝	Pineapple
无花果	Fig	李子	Plum

(续表)

蟠桃	Flat Peach	石榴	Pomegranate
鹅梅	Gooseberry	覆盆子	Raspberry
红加仑	Red Currant	橘子	Tangerine
西米	Sago	西红柿	Tomato
杨桃	Star Fruit	蛇果	Red Delicious Apple
草莓	Strawberry	核桃	Walnut
葵花子	Sunflower	西瓜	Watermelon

表3-3-4　海鲜(Seafood)

鲍鱼	Abalone	八爪鱼	Octopus
银鱼柳	Anchovies	鲈鱼	Perch
大鲍鱼	Awabi	鲳鱼	Pomfret
黑鱼子酱	Black Caviar	大虾	Prawn
文蛤	Clam	青花鱼	Saba
鳕鱼	Cod	三文鱼	Salmon
蟹	Crab	沙丁鱼	Sardine
蟹钳	Crab Claw	扇贝	Scallop
鲫鱼	Crucian Carp	长甜虾	Scampi
墨鱼	Cuttle Fish	海鲈	Sea Bass
鳗	Eel	海参	Sea Cucumber
左口鱼	Flounder	鲨鱼	Shark
螺	Whelk	虾仁	Shrimp
蚝	Oyster	加吉鱼	Suapper
石斑鱼	Garoupa	龙利鱼	Sole
大闸蟹	Hairy Crab	鱿鱼	Squid
大比目鱼	Halibut	彩虹鱼	Trout
绯鱼	Herring	吞拿鱼/金枪鱼	Tuna
龙虾	Lobster	多宝鱼	Turbot Fish
马鲛鱼	Mackerel	油金鱼	Yellow Tail
桂鱼	Mandarin Fish	青口贝	Mussel

表3-3-5　肉类(Meat)

腰子	Kidney	牛肉	Beef
熏肉	Bacon	牛柳	Beef Fillet
牛仔骨	Beef Rib	颈	Neck
牛肉肠	Beef Sausage	牛	Ox
牛柳	Beef Tenderloin	牛心	Ox Heart
骨髓	Bone Marrow	牛肝	Ox Liver

(续表)

中文	英文	中文	英文
脑	Brain	牛尾	Ox Tail
牛腩	Brisket	牛舌	Ox Tongue
鸡	Chicken	牛胃	Ox Tripe
鸡腿	Chicken Drumstick	鸽子	Pigeon
鸡翅	Chicken Wing	猪肝	Pig's Liver
大排	Chop	鸡肝	Chicken's Liver
香槟肠	Cocktail Sausage	猪蹄	Pork Knuckle
鸭子	Duck	猪排	Pork Chop
鸭脯	Duck Fillet	猪柳	Pork Loin
小鸭	Duckling	猪肉肠	Pork Sausage
鸭掌	Duck's Web	家禽	Poultry
法兰克福肠	Frankfurter Sausage	鹌鹑	Quail
田鸡	Frog	家兔	Rabbit
鹅	Goose	肋骨	Rib
鹅肝	Goose Liver	肉眼牛排	Rib-eye Steak
火腿	Ham	后殿肉	Round
火腿肠	Ham Sausage	殿肉扒	Round Steak
热狗	Hot Dog	意大利肠	Salami Sausage
羊	Lamb	肩肉	Shoulder
羊排	Lamb Chop	西冷牛排	Sirloin Steak
羊里脊	Lamb Fillet	蜗牛	Snail
羊腿	Lamb Leg	排骨	Spare Rib
瘦肉	Lean	仔鸡/春鸡	Spring Chicken
瘦猪肉	Lean Pork	天鹅	Swan
肝酱肠	Liver Sausage	牛核	Sweetbread
腰柳肉	Loin	T骨牛排	T-bone Steak
肺	Lung	舌头	Tongue
羊肉	Mutton	火鸡	Turkey
小牛肉	Veal	维也纳肠	Vienna Sausage

任务单　练习食品台服务

地点：西餐实训教室。

用具：食品台、餐具及其他必备服务用具。

评价标准：参见食品台服务内容。

活动三 熟悉餐台服务

信息页 自助餐宴会的餐台服务

一、自助餐宴会餐台的摆放

1. 坐式自助餐宴会

坐式自助餐宴会,应根据宾客的人数,安排餐桌和座椅。餐桌上餐具的摆放可根据宴会所提供菜点的品种来决定。坐式自助餐宴会餐桌的摆设同西式主题宴会餐桌的摆放要求相同。

2. 立式自助餐宴会

立式自助餐宴会,即宾客参加宴会采用站立式用餐方式。在宴会厅可不设餐桌椅,只是分区域设立小型的服务台,台上摆放烟灰缸、纸巾等简单用品,供宾客使用;也可以在大厅四周摆放几张桌椅,供宾客随意使用。

二、餐台服务内容及要求(如表3-3-6所示)

表3-3-6 自助餐宴会的餐台服务

服务内容	服务要求
入座就餐	1. 坐式的自助餐宴会除主桌设座席卡外,其他各桌用桌花区别,由宾客自由选择入座 2. 服务员为每位宾客斟倒冰水,询问是否需要饮料。主办单位等全部宾客就座后致辞、祝酒,宣布宴会正式开始 3. 较高档的坐式自助餐宴会中的开胃品和汤则常由服务员送到餐桌上,而面包、黄油是提前派好的
协助客人取餐	1. 客人取食品时,要给客人送盘,向客人推荐和分送食品 2. 如有不方便或不习惯自取食物的客人,应主动根据客人喜好为其取送菜点
用餐中巡视	1. 服务员要在餐厅勤巡视,细心观察,主动为客人服务 2. 主动收拾空杯碟,保持餐台的整洁。在收撤宾客用过的餐盘、杯具时,不要惊动宾客,尤其应避免与宾客相撞 3. 关注食品台上的菜量,一旦菜肴不够,应及时通知厨房补充

任务单　练习餐台服务

地点：西餐实训教室。

用具：餐台、餐具及其他必备服务用具。

评价标准：参见自助餐宴会餐台服务内容。

任务评价

姓名_____　　班级_____　　综合评价_____

评价项目	具体要求	学生自评 分值	学生自评 得分	教师评价 分值	教师评价 得分	企业专家评价 分值	企业专家评价 得分
专业知识	1. 酒水服务	20		20		20	
	2. 食品台服务	20		20		20	
	3. 餐台服务	20		20		20	
专业态度及素养	具备服务意识和扎实的专业技能	10		10		10	
	用英语进行服务	10		10		10	
小组活动	为了完成团队工作，提前做了充分准备	5		5		5	
	积极参与小组活动，认真思考	5		5		5	
	想法与意见对团队工作有所帮助	10		10		10	
总计		100		100		100	

企业评语：

在学习的过程中，收获是：

在学习的过程中，不足是：

改进方法和措施有：

任务四 自助餐宴会结束工作

工作情境

A公司的自助餐宴会顺利结束，所有客人都对这次活动给予了很高的评价。结束工作中我们再加把劲儿吧。

具体工作任务
- 完成自助餐宴会的结束工作。

活动 学习自助餐宴会结束工作

信息页 自助餐宴会的结束

（1）自助餐宴会临近结束时，要清点客人所用的酒水饮料，累计总数，待宴会结束后，与举办单位结清账目。

（2）自助餐宴会结束时，客人纷纷相互道别。此时，服务员应检查会场所有角落有无客人遗忘物品，并有礼貌地向客人道别，列队送客。

（3）等客人全部离开后，厨师负责将余下的菜肴全部撤回厨房分别处理，服务员负责清理餐桌、食品台，将用过的餐具物品送洗涤间。做好宴会厅的清洁卫生，恢复宴会厅布局和陈设。

（4）宴会负责人填写"宴会服务报告"备案。进行服务小结，不断提高服务质量。

（5）自助餐宴会的结束工作与中西餐宴会大致相同，应特别注意各岗位服务员之间的协作配合。

任务单 完成结束工作

地点：西餐实训教室。

用具：餐台、餐具及其他必备服务用具。

评价标准：参见结束服务内容。

任务评价

姓名_____   班级_____   综合评价_____

评价项目	具体要求	学生自评		教师评价		企业专家评价	
		分值	得分	分值	得分	分值	得分
专业知识及技能	自助餐宴会的结束工作	20		20		20	
专业态度及素养	具备较强的服务意识和专业技能	20		20		20	
小组活动	为了完成团队工作,提前做了充分准备	20		20		20	
	积极参与小组活动,认真思考	20		20		20	
	想法与意见对团队工作有所帮助	20		20		20	
总计		100		100		100	

企业评语:

在学习的过程中,收获是:

在学习的过程中,不足是:

改进方法和措施有:

单元四

西餐宴会服务

西餐宴会是按照西方国家的礼仪习俗举办的宴会。其特点是：遵循西方的饮食习惯，采取分餐制，以西餐为主，用西式餐具，讲究酒水与菜肴的搭配。其布局、台面布置和服务等具有鲜明的西方特色。

做好西餐宴会的服务工作，是体现西餐服务水准的标志之一。

任务一 宴会预订服务

工作情境

SOLO公司成立10周年，宴请公司的重要客户，在庆典仪式结束后，采用西餐宴会方式用餐，来宾100余位。让我们从宴会的预订服务开始吧。

具体工作任务
- 了解宴会预订方式；
- 掌握宴会预订流程；
- 熟练填写宴会预订单。

活动▶ 了解有关宴会预订服务的相关知识

做好宴会预订服务是准备工作中很重要的一环，宴会的预订过程既是产品推销过程，又是客源组织过程。所以，酒店应根据宴会举办者的要求，积极推销，并出色地受理预订。如何接受客人的预订呢？在下面的内容中我们一起来学习吧！

信息页 怎样接受预订

一个良好的预订系统不仅能够帮助餐厅有效地管理餐厅座位，更重要的是，可以从客人的预订中得到更多的信息。将逐步得到的客人信息收集起来，就可以帮助餐厅建立一个客人信息管理中心，以便更好地维护客户关系，提高餐厅的营业额。

单元四　西餐宴会服务

一般宴会预订由宴会销售部的销售员或销售主任负责承接，详细内容如表4-1-1所示。

表4-1-1　宴会预订

有关预订的知识		详细内容
宴会预订形式	电话预订	是酒店与客户联络的主要方式。常用于小型宴会预订、查询、核实细节、促进销售等。大型活动需要面谈时也是通过电话来约定会面的时间和地点
	面谈	是进行宴会预订较为有效的方法。销售员要记录、填写预订单和联络方法，提前较长时间预订的可用信函或电话方式与客户联络
	信函	主要用于促销活动、回复宾客询问、寄送确认信
	其他	必要时也可用电传或传真与客户联络、销售其产品
宴会预订流程 (如图4-1-1所示)		1. 在接受询问前，预订员应做到心中有数，如：宴会厅的面积、高度、采光、通风、装饰、最大客容量；各类宴请标准所提供的菜有品种、烹调方法等 2. 与客户洽谈所有的宴请细节，尽量满足宾客的各种要求，填写宴会预订单 3. 在宴会活动日记簿(Banquet Block Book)上按日期标明活动地点、时间、人数等事项，注上是否需要确认的标记 4. 如果宴会活动得到确认，应以确认信的方式迅速送交客户，并附上"宴会合同书" 5. 如果是提前较长时间预订的，应主动联络，进一步核实有关细节 6. 收取订金。酒店的常客且享有良好信誉者，可以不必付订金 7. 建立宴会预订档案。将预订单分为"待确定"和"已确定"两类入档，按时间顺序排列。预订员要主动与宾客联络，并提前填写"宴会通知单"送往有关部门 8. 宴请活动前两天，必须设法与客户联系，进一步确定已谈妥的所有事项。任何与宴请有关的变动都应立即填写"宴请变更通知单"发送有关部门。变更通知单上需写明原来预订单的编号 9. 宴会销售预订员有责任督促检查当日大型宴会活动的准备工作，发现问题及时纠正 10. 如果客人取消预订，预订员应填写"取消预订报告"送至有关职能部门。并为不能提供服务而向客人表示遗憾，希望今后能有合作的机会 11. 宴请活动后，要向宴请主办单位或主办个人写感谢信，争取下次的推销机会
宴会预订单 (如表4-1-2所示)		1. 举办活动的日期、时间 2. 预订人姓名、联络电话、地址、单位名称 3. 宴请对象、活动类型 4. 出席人数 5. 计划安排的宴会厅名称、布置要求 6. 菜单项目、酒水要求 7. 收费标准及付款方式 8. 注意事项 9. 接受预订的日期、经办人姓名

(续表)

有关预订的知识	详细内容
宴会预订合同书（如表4-1-3所示）	是店方与客户签的合约书，双方均应如约履行合同的各项条款。合同书一式五联，一联由顾客自存，二联由顾客签字后回收，三联由宴会销售员保存，四联交成本控制员，五联留底

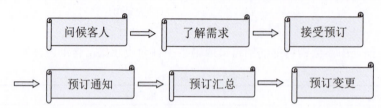

图4-1-1　宴会预订流程

表4-1-2　宴会预订单

预订日期				预订人姓名		
地址				电传、电话		
单位				宴会厅名称		
宴会名称				宴会类别		
预计人数				最低桌数		
宴会费用				食品人均费用		
				酒水人均费用		
具体要求	宴会菜单				酒水	
	宴会布置	台形要求 主桌台形要求 设备要求				
确认签字			结账方式		预收订金	
处理					承办人	

表4-1-3　宴会预订合同书

甲方					
乙方					
宴会日期	年　月　日		宴会时间	时　　分	
宴会形式			预订人数	预计　位，保证不少于　位	
宴会地点			预订席数	预订　席，保证不少于　席	
婚宴新人	新郎：		联系人及电话号码	1.	
	新娘：			2.	
贵宾席安排					
宴会主宾					
签到台	签到台□	签到本□		签到笔□	
布置形式					
酒水、饮料					

(续表)

音响、话筒			
舞台		主题喷绘	
POP水牌		鲜花	
香槟塔		蛋糕	
请帖		席位卡	
台号卡		宴席菜单	
司仪		赔偿标准	
婚车			
茶水费用			
结账方式	现金□ 支票□	信用卡□ 挂账□	其他□
菜肴标准	¥ 元/席	宴会订金	¥ 元
场租费	¥ 元	服务费	¥ 元
宴会菜单			
其他约定事项			

甲方：　　　　　　　乙方：
　　　　　　　　　　签订时间：　年　月　日

任务单　预订服务

一、你能概括出西餐宴会预订的服务程序吗？
_____
_____
_____
_____

二、在小组内尝试分角色模拟练习电话预订、面订的服务程序。

知识链接

宴会通知单

接到宴会通知单后，餐厅管理人员应通知服务员宴会日期和开餐时间，以及餐台数、人数、标准、菜式品种及出菜顺序、主办单位或房号、收费方式和邀请对象等。应了解客人的风俗习惯、生活忌讳和特殊要求。对于外国客人，还应了解其国籍、宗教、信仰、禁忌和口味特点，以及此次宴会的目的和性质、宴会的正式名称、客人的性别，有无席次表、席位卡，有无音乐或文艺表演，有无主办者的特别要求等。

任务评价

姓名_____   班级_____   综合评价_____

评价项目	具体要求	学生自评		教师评价		企业专家评价	
		分值	得分	分值	得分	分值	得分
专业知识及技能	1. 熟悉宴会预订服务流程 2. 清楚宴会预订单及合同书的内容 3. 会通过电话或面谈等方式进行预订服务	60		60		60	
专业态度及素养	具备服务意识和扎实的专业技能	10		10		10	
小组活动(可组员参与评价)	为了完成团队工作，提前做了充分准备	10		10		10	
	积极参与小组活动，认真思考	10		10		10	
	想法与意见对团队工作有所帮助	10		10		10	
总计		100		100		100	

在学习的过程中，收获是：

在学习的过程中，不足是：

改进方法和措施有：

任务二 宴会的准备

工作情境

为了顺利地举办SOLO公司的宴会，我们需要从人员分工、物品准备、宴会摆台入手，做好宴会前的各项准备工作。餐前准备充分与否，是服务工作能否顺利完成的关键。因此，耐心细致地完成各项准备工作是非常重要的。

具体工作任务

- 了解宴会服务的人员分工与岗位职责；
- 掌握西餐宴会前的准备工作；
- 掌握西餐宴会摆台操作。

活动一　了解宴会的人员分工与岗位职责

信息页　宴会的人员分工与岗位职责(如表4-2-1所示)

表4-2-1　宴会的人员分工与岗位职责

岗位设置	工作职责
餐台服务员	可分为斟酒服务员和菜肴分让服务员 1. 宴会开始前从"宴会通知单"上提取信息要做到：知人数，知台数，知宴会标准，知开餐时间，知菜肴品种和出菜顺序，知主办单位，知邀请对象，知收费方式，了解宾客的风俗习惯，了解宾客的生活忌讳，了解宾客的特殊要求 2. 餐前准备好各种餐用具，数量充足，保证干净、无破损 3. 准备好各种调味品 4. 按要求装饰布置好餐台，准备好酒水饮料等 5. 整理好个人的仪表仪容，做到整洁、干净、精神饱满 6. 客人来时主动打招呼问好，拉椅让座 7. 主动斟酒，宴会进行中主动为客人添酒 8. 按要求上菜，介绍菜点，分让菜肴
迎宾服务员	1. 仪容仪表符合规范要求 2. 迎接客人主动热情，打招呼问好，引领客人进入宴会厅 3. 客人离开时，主动相送，向客人表示感谢
传菜服务员	1. 服从指挥，统一行动 2. 餐前准备好传菜工具 3. 传菜及时，不错、不漏 4. 餐中协助整理菜台、服务桌，当好助手 5. 注意个人的仪表着装，保持干净、整洁
宴会组织指挥人员	1. 根据主办单位的要求，确定宴会场地布置的形式、具体时间，并指挥落实 2. 认真审阅宴会菜单，拟定宴会服务的组织方案和具体服务措施 3. 将宴会的各种情况了解清楚，掌握宴会前的全部准备工作 4. 与有关部门协调配合(与宴会服务有关的各部门) 5. 根据宴请的标准，拟定宴会成本核算单，拟定酒水饮品所需种类和数量 6. 筹备宴会所使用的餐具、酒具及其他所需用品 7. 确定各服务区域的负责人和贵宾席、主宾席的服务人员及其他各个岗位人员的名单 8. 向酒店有关领导汇报宴会组织安排情况

> **任务单　自我小测验**
>
> 你能概括出西餐宴会各岗位人员的职责吗?
> _____
> _____
> _____
> _____

活动二　了解西餐宴会前的准备工作

宴会前要做大量的准备工作,这将直接影响宴会服务质量的高低,也是宴会服务顺利进行的关键环节。

信息页　西餐宴会前的准备工作(如表4-2-2所示)

表4-2-2　西餐宴会前的准备工作内容及要求

项目	内容及要求
场地布置	做好宴会前的环境清洁卫生工作,并按"宴会通知单"的要求布置宴会厅
餐、酒具准备	根据宴会的人数、菜肴的安排等要求来准备足够的餐用具。按宴会主题摆台要求进行餐台布置:铺台布,摆餐具、酒具及用具,摆鲜花、银烛台等装饰物品,以美化席面
酒水准备	准备好各种酒水饮料,需冰镇的要提前冰镇好,保证各种酒水符合饮用要求。如在宴会开始前要举办餐前酒会,更要及时准备好足够的鸡尾酒和其他酒水
面包、黄油的准备	在开始前5分钟,把面包及黄油摆放在面包篮、黄油碟中
台面检查	检查服务员摆台是否规范;每桌的餐、酒用具是否齐全;服务桌上备用餐具的数量、种类是否配好;酒水饮料的摆放是否符合要求等
卫生检查	1. 检查服务人员的仪容仪表等。西餐宴会的服务人员应戴白手套,做到制服整洁、仪容大方 2. 进行餐、酒用具的卫生检查、餐厅环境卫生检查及菜肴食品的卫生检查等
设备检查	宴会开始前半小时,宴会厅内就应达到所需温度。仔细检查音响、灯光等设备
安全检查	1. 检查宴会厅的各出入口有无障碍物 2. 检查洗手间的一切用品是否齐全、完好 3. 检查各种灭火器材是否按规定位置摆放,灭火器周围有无障碍物 4. 检查宴会场地内餐桌、椅等家具是否牢固可靠 5. 检查地面有无水迹、油渍等,如新打蜡的地面应立即磨光,以免客人滑倒 6. 检查地毯接缝处对接是否平展,不平要及时修整

任务单　尝试物品准备练习

为了顺利举办SOLO公司的宴会，我们先来进行物品的准备，把你需要的物品先列在下面再进行实际操作吧。

地点：西餐实训教室。

用具：西餐餐台、餐具、酒具、托盘及其他服务必备用品。

活动三　西餐宴会摆台

西餐宴会摆台所用的餐用具比较多，只要掌握了西餐用餐的规律，那么所用餐具的识别、摆放就容易多了。由于各饭店摆放形式不一,在此我们仅介绍一种最基本的西餐宴会摆台。

信息页 西餐宴会摆台操作标准

一、宴会摆台

1. 西餐宴会摆台(如图4-2-1所示)

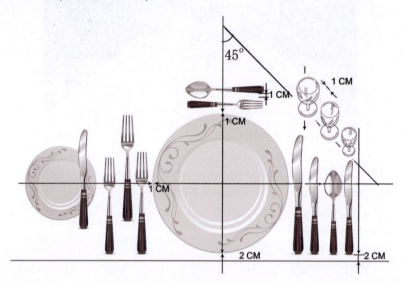

图4-2-1　西餐宴会标准摆台

2. 台面用品及装饰摆放(如图4-2-2所示)

图4-2-2　台面用品及装饰摆放

二、西餐宴会摆台步骤及要求(如表4-2-3所示)

表4-2-3 西餐宴会摆台步骤及要求

步骤	具体要求	
铺台布	1. 台布的中凸线向上置于餐台的横向中心，四周下垂均匀 2. 拼铺时，台布的凸线方向一致，连接的台布边缘要重叠，下垂部分要平行，连接缝要协调一致。台布要平整，无褶皱	
餐椅定位	1. 餐椅之间距离基本相等 2. 相对餐椅的椅背中心对准	
摆装饰盘	装饰盘一般用瓷制品或金属制品，造型精美。在餐台设计布局中，装饰盘放置于餐椅正前方，距离餐台边1~2cm。它起着定位的作用	
摆主餐刀、鱼刀、汤匙、开胃品刀、主餐叉、鱼叉、开胃品叉	操作使用托盘，并注意拿刀、叉、匙的手柄。 具体摆放方法如下： 1. 主餐刀放于装饰盘右侧，与餐台边垂直，刀柄向下，与餐台边距离2cm，刀刃向左，与装饰盘相距1cm 2. 鱼刀放于主餐刀右侧 3. 汤匙放于鱼刀右侧1cm 4. 开胃品刀放于汤匙右侧，餐具间距1cm 5. 主餐叉放于托盘左侧，距餐台2cm，与装饰盘相距1cm 6. 鱼叉位于主叉左侧，距主叉1cm 7. 开胃品叉位于鱼叉左侧，间距1cm	
摆面包盘、黄油刀、黄油碟、甜点叉、匙	1. 面包盘摆放在餐叉的左侧。通常可以有两个摆放位置：一是面包盘边距餐台边2cm，即同装饰盘和其他餐具以台边为准摆齐；二是面包盘的中心与装饰盘的中心线平行摆放，面包盘距开胃品叉1cm 2. 黄油刀的摆放可以有两种：一是置于面包盘右1/3处，刀刃向左，柄端向下；二是置于面包盘右上方，与面包盘横向中线呈45°角，刀刃朝左下方，柄端在右边 3. 如面包配黄油，黄油碟摆放在面包盘上方 4. 甜点叉、匙摆放在展示盘前方，平行摆放，甜点叉靠近展示盘，叉柄向左，距展示盘1cm；甜点匙在甜点叉外侧，匙柄向右，距甜点叉1cm	

(续表)

步骤	具体要求	
摆水杯、红葡萄酒杯、白葡萄酒杯	白葡萄酒杯摆在开胃品刀正上方2cm，红葡萄酒杯、水杯与白葡萄酒杯斜45°摆放，杯壁间距1cm	
摆餐巾花、装饰花、烛台、盐椒瓶	1. 西餐餐巾一般采用简洁易折的花形，餐巾花应形象逼真、折叠挺括，摆放于装饰盘正中 2. 装饰花在餐台中心，以客人落座不遮挡视线为准 3. 蜡烛台可采用独烛样式，也可采用3烛样式。可摆放一个烛台，置于装饰鲜花一侧，位于台布中骨线上，距10cm；也可摆放两个烛台，置于装饰鲜花左右两侧 4. 以摆放两个烛台的餐台为例，盐椒瓶分别摆放于烛台两侧，距烛台5cm，分别置于中骨线两侧，左盐右椒，间距1cm	

注：为便于学习中统一，餐具间距可以参照以上表格内容，在实际工作岗位中，以各酒店具体要求为准。

任务单　西餐宴会摆台

为了准备SOLO公司的宴会，请根据上面学习的内容尝试练习一下西餐宴会摆台吧。

1. 掌握西餐宴会摆台的规则与方法。
2. 分小组加强练习，掌握西餐宴会摆台技能。

(1) 操作内容：6人西餐宴会台摆台，操作时限20分钟，每超时30秒，扣2分。

(2) 操作标准：参见6人西餐宴会摆台考核评价表(如表4-2-4所示)。

表4-2-4　6人西餐宴会摆台考核评价表

操作项目	操作细则	评分
铺台布	中凸线对开(中线吻合)	2分
	4次整理成型	2分
	两块台布中间重叠5cm(整块台布也可)	2分
	四周下垂匀称	3分
拉椅定位	椅子之间的距离基本相等	2分
	椅子前沿与下垂台布距离1cm	2分

(续表)

摆装饰盘	盘边距桌边1cm，店标一致(在上方)	6分
摆餐刀、餐叉、勺	摆放顺序正确，由里往外	6分
	摆放位置准确	6分
摆面包盘、面包刀	摆放位置准确	6分
	面包刀位置正确	6分
摆甜点叉、匙	摆放位置准确	6分
摆水杯、红葡萄酒杯、白葡萄酒杯	摆放顺序(白、红、水)正确	6分
	位置准确	6分
	操作时手法正确、卫生	6分
餐巾花	造型美观、大小一致	12分
	在盘中位置，左右一条线	6分
摆烛台、盐椒瓶	位置准确、压中线	6分
整体印象		9分
操作时间		
总成绩		

任务评价

姓名_____ 班级_____ 综合评价_____

评价项目	具 体 要 求	学生自评		教师评价		企业专家评价	
		分值	得分	分值	得分	分值	得分
专业知识及技能	熟悉宴会岗位职责	8		8		8	
	宴会餐具物品准备充分	8		8		8	
	宴会摆台(评分标准参见表4-2-4)，表中总成绩×60%	60		60		60	
专业态度及素养	具备服务意识和扎实的专业技能	6		6		6	
小组活动(可组员参与评价)	为了完成团队工作，提前做了充分准备	6		6		6	
	积极参与小组活动，认真思考	6		6		6	
	想法与意见对团队工作有所帮助	6		6		6	
总计		100		100		100	

企业评语：

(续表)

在学习的过程中，收获是：	
在学习的过程中，不足是：	
改进方法和措施有：	

任务三 宴会用餐服务

工作情境

公司的庆典仪式已结束，来宾们陆续步入布置典雅的宴会厅，即将进入宴会用餐环节，准备好了吗？宴会服务开始啦！

具体工作任务

- 熟知西餐宴会用餐服务流程及内容。

活动 学习西餐宴会用餐服务

信息页 西餐宴会用餐服务流程及内容（如表4-3-1所示）

表4-3-1 西餐宴会用餐服务流程及内容

服务流程	具体内容	
宾客入座服务	1. 为宾客拉椅让坐：遵循先宾后主、女士优先的原则 2. 待宾客入座后，为客人铺上餐巾 3. 征询主人同意后立即通知厨房准备上菜	

(续表)

服务流程	具体内容
开胃菜服务	1. 如开胃菜配有酒水，应先为客人斟酒，再上开胃菜 2. 待客人用完开胃菜后，从客人右侧撤盘和刀、叉
上汤服务	1. 上汤时应加垫盘，从客人右侧送上 2. 喝汤时一般不喝酒，但如安排了酒类，则应先斟酒，再上汤 3. 待客人用完汤后，即可从客人右侧连同汤匙一起撤下汤盘
海鲜菜肴服务	1. 海鲜菜肴应配以冰镇白葡萄酒，经主人品尝、认可后，方可按次序斟酒，然后上菜 2. 斟白葡萄酒时，须用餐巾将瓶身包裹好，但不要遮住商标 3. 待客人吃完海鲜类菜肴后，即可从客人右侧撤下餐盘及鱼刀、叉
主菜服务	1. 主菜应配以红葡萄酒，经主人品尝、认可后，方可按次序斟酒 2. 视情况为客人补充面包和黄油 3. 上主菜时，一般配有几样蔬菜和沙司，从左侧为客人分派主菜和蔬菜，菜肴的主要部分应靠近客人；此外，还应带有沙拉。菜肴配有的沙司，要有专人在客人的左边给客人分派，所配沙拉，应放在左侧 4. 待客人用完主菜后，及时撤走主菜盘、刀、叉、沙拉盘、黄油碟、面包盘和黄油刀
甜点和水果服务	1. 甜点用具视品种而定，如点心一般用叉、勺；烩水果用茶匙；上冰激凌时，应将专用的冰激凌匙放在垫盘内同时端上去 2. 此时若有宾主讲话，应斟倒香槟酒或有汽葡萄酒，并在上点心或宾客讲话之前全部斟好，以方便宾客举杯祝酒，然后上甜品 3. 如有水果，先摆好盘和水果刀、叉，需要上洗手盅时，盅内放温水，以及一片柠檬和数片花瓣
咖啡或茶服务	1. 待客人用完甜点后，先问清宾客喝咖啡还是茶，随后送上糖缸和淡奶壶，准备咖啡具、茶具。咖啡配糖和淡奶，普通红茶配糖和淡奶 2. 每位宾客右手边放咖啡杯或茶具，然后用咖啡壶或茶壶依次斟上

服务注意事项：
1. 西餐宴会要求等所有宾客都吃完了一道菜后同时撤盘，并一起上下一道菜
2. 用餐服务过程中，注意巡视，及时解决客人的特别要求
3. 要及时添加酒水
4. 观察宾客面前的刀、叉使用情况及宾客用餐情况
5. 菜肴服务期间主动询问是否加黄油、面包，在上甜品前用面包滚或服务巾清理台面上的面包屑

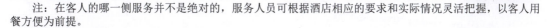

注：在客人的哪一侧服务并不是绝对的，服务人员可根据酒店相应的要求和实际情况灵活把握，以客人用餐方便为前提。

任务单　西餐宴会用餐服务

在小组内尝试分角色进行西餐宴会用餐服务操作实训。

地点：西餐实训教室。

用具准备：西餐餐台、托盘、餐具及各种必备服务用具。

评价标准：参见表4-3-1。

任务评价

姓名_____ 班级_____ 综合评价_____

评价项目	具体要求	学生自评		教师评价		企业专家评价	
		分值	得分	分值	得分	分值	得分
专业知识及技能	1. 西餐宴会用餐服务流程	20		20		20	
	2. 用餐服务规范	20		20		20	
专业态度及素养	具备对客服务意识和扎实的西餐服务专业技能	15		15		15	
小组活动（可组员参与评价）	为了完成团队工作，提前做了充分准备	15		15		15	
	积极参与小组活动，认真思考	15		15		15	
	想法与意见对团队工作有所帮助	15		15		15	
总计		100		100		100	

企业评语：

在学习的过程中，收获是：

在学习的过程中，不足是：

改进方法和措施有：

任务四 宴会结束工作

工作情境

宴会结束后，来宾对我们的服务非常满意，接下来我们要认真做好收尾工作，让宴会能圆满结束。下面我们来一起学习如何完成西餐宴会的结束工作吧。

具体工作任务

- 熟悉餐后结束工作的具体内容及要求；
- 熟悉客史档案的建立与整理。

活动 学习西餐宴会结束工作

宴会结束工作程序包括：结账、送客、撤桌清场、跟踪回访、建档。

信息页 西餐宴会的结束工作(如表4-4-1所示)

表4-4-1　西餐宴会的结束工作

服务项目	具体要求
结账服务	1. 在上完咖啡和茶以后，清点宴会所用酒水 2. 当宴会主办单位联系人表示结账时，按规定办理结账手续，并向宾客致谢
热情送客	1. 当客人要起身时，及时上前为客人拉开椅子 2. 向客人表示感谢，例如可以说："谢谢您，很高兴您来这里用餐。希望您再次光临。" 3. 迅速扫视台面四周，看客人是否遗留下任何物品 4. 热情送客，再次表示感谢
撤桌清场	1. 迅速完成整理餐厅的工作，包括撤餐台、收餐椅、搞好宴会厅场面卫生等 2. 宴会组织者在各项工作基本结束后要认真进行全面检查，最后关上电灯，切断电源，关好门窗
跟踪回访	在宴会结束后，宴会部经理或主管应主动征询主办单位或主办个人对宴会的评价及意见，以便今后加强联络。征求意见可以从菜肴、服务、宴会厅设计等几个方面考虑。当客人对菜肴的口味提出意见和建议时，应虚心接受，及时转告厨师，以防止下次宴会出现类似问题。征求意见可以是书面的，也可以是口头的。如果在宴会进行中遇到一些令人不愉快的场面，要主动向宾客道歉，以获得宾客的谅解并使宾客下次依然能光顾
建档	专设档案来保存举办过的宴会资料，尤其对于每年固定举办宴会的公司或个人，更应该将其历年宴会举办的情况详加记录，以便给予最恰当的服务

任务单 西餐宴会结束服务

SOLO公司的宴会结束了，通过以上内容的学习，你是否已经掌握了如何进行西餐的结束服务？西餐宴会撤台如何进行呢？试一试吧。

地点：西餐实训教室。

用具：西餐台、餐具、托盘及其他必备服务用具。

评价标准：参见西餐宴会结束服务具体要求。

任务评价

姓名_____　　　　班级_____　　　　综合评价_____

评价项目	具体要求	学生自评		教师评价		企业专家评价	
		分值	得分	分值	得分	分值	得分
专业知识及技能	结账服务	15		15		15	
	热情送客	15		15		15	
	迅速撤桌、清场	10		10		10	
	跟踪回访的基本知识	10		10		10	
	了解建档	10		10		10	
专业态度及素养	具备服务意识和扎实的专业技能	10		10		10	
小组活动	为了完成团队工作,提前做了充分准备	10		10		10	
	积极参与小组活动,认真思考	10		10		10	
	想法与意见对团队工作有所帮助	10		10		10	
总计		100		100		100	

企业评语:

在学习的过程中,收获是:

在学习的过程中,不足是:

改进方法和措施有:

单元五

西餐厅服务

基于前面内容的学习,你可能对西餐和西餐服务已经有所了解。本单元我们将学习西餐厅服务,并进一步了解西餐厅的特点及服务特色。高档的西餐厅除了提供质量上乘的菜点之外,更重要的是提供高标准、高规格的服务。

任务一 走进西餐厅

工作情境

Rose意大利餐厅布置得高雅富丽,柔和的灯光、华贵的家具、银制餐具和水晶酒杯,温暖的紫色与红色融在一起,空气中弥漫的高贵典雅在舒缓的意大利音乐中缓缓流淌。餐厅随处可见意大利的装饰画和民间饰品,或静谧的风景,或欢悦的人群,或神秘的面具,用餐的客人在享受着体贴周到的服务。张先生准备于2018年12月9日宴请来自法国、意大利、美国的合作伙伴,需要安静的就餐环境、精致的美食和周到的服务。请首先了解典型的西餐厅、菜品及服务特点,为出色地完成接待任务做好准备吧。

具体工作任务

- 了解常见西餐厅的特点及服务。

活动一 了解扒房服务

信息页 扒房服务

扒房是五星级酒店必须设有的一个餐厅,是酒店为体现餐饮菜肴与服务水准、满足高消费宾客的需求、增加经济收入而开设的高档西餐厅,有经典菜品和一流的服务。

一、扒房的特点

1. 装饰考究,高雅浪漫

扒房布置要求高雅、富丽、浪漫、神秘,并具有独特风格,一般的设计主题以欧洲文化艺术为背景。扒房的色彩多以暖色为基调,尤以金色、古铜色、枣红色、咖啡色为主。地毯、餐椅、墙壁要求色调协调。灯光较暗淡,吸顶灯、吊灯、壁灯的亮度均能调节,或光线以烛光为主,使空间光线照明分布充满层次感和立体感,形成一种浪漫、典雅的气氛。还常用绘画、雕塑作品和展示台表现主题,烘托进餐气氛。

2. 豪华享受，高档消费

注重服务礼节，体现对客人的个别照顾，如两位服务员为一桌客人服务，在客人餐桌边烹制表演，体现服务。扒房所使用的餐具、服务器具既高档又专业化，如银质或镀银的餐叉、餐刀，水晶杯，贵重的烹制车、酒车、甜品车、手推车，精致的瓷器等。扒房的家具也较豪华，如羊皮扶手沙发、精制方形或长方形餐桌、法兰绒桌垫、全棉桌布等。客人在豪华高雅的环境中，享受体贴周到的服务，当然用餐费用也较昂贵。

二、扒房经营的菜式、菜单内容

扒房提供正宗的西式大菜，其菜单、酒单印制得十分讲究，常常使用皮革封面。菜单中应包括该扒房所经营餐式中的主要大菜和风味食品。该类菜单一般是固定式零点菜单，内容包括开胃菜、汤、沙拉、海鲜、扒菜、甜点、各式奶酪及酒水等。扒房只提供午、晚餐。

(1) 开胃菜：包括各种由熏鱼、香肠、腌鱼子、生蚝、蜗牛、对虾、虾仁和鹅肝制作的冷菜。

(2) 汤：包括各种清汤、奶油汤、菜泥汤、海鲜汤及风味汤，如法国洋葱汤等。

(3) 沙拉：包括各种以蔬菜为主料制作的冷菜，有时配上熟肉或海鲜，配备调味汁。

(4) 海鲜：包括使用炸、扒、水煮等方法制作的鱼、虾、龙虾和蟹等菜系，带有传统式和现代式的各种调味汁，配上蔬菜、淀粉类菜系(土豆、米饭或意大利面条)和装饰品。

(5) 扒菜：用烤和扒的方法烹调的畜肉、家禽等，配有各种调味汁，再配上蔬菜、淀粉类菜系。

(6) 甜点：包括舒芙蕾(Souffle，烤制的蓬松小点心)、冷冻邦伯(Bombe，冷冻的奶油点心)、各种水果冰激凌、慕司(Mousse，以抽打的奶油、蛋白与甜味剂制成的甜点)等。

(7) 各种奶酪：由牛奶或羊奶经过凝乳酶浓缩、凝固、熟化而加工成的奶制品。

(8) 酒水：品种齐全，特别注重配齐世界各地所产的著名红、白葡萄酒和其他名牌酒品。

活动二 走进法式餐厅

信息页 法式的特点及服务方法

一、法式的特点

法国人一向以善于吃并精于吃而闻名，法式大餐至今仍位居世界西菜之首。法式菜肴的特点是：选料广泛，加工精细，烹调考究，滋味有浓有淡，花色品种多；比较讲究吃半熟或生食，重视调味，调味品种类多样。用酒来调味，什么样的菜选用什么酒都有严格的规定，如清汤用葡萄酒，海味品用白兰地酒，甜品用各式甜酒或白兰地酒等。

法国人十分喜爱吃奶酪、水果和各种新鲜蔬菜。法式菜肴的名菜有：马赛鱼羹、鹅肝排、巴黎龙虾、红酒山鸡、沙福罗鸡、鸡肝牛排等。

二、法式服务方法

1. 法式服务的摆台

法式服务的餐桌上一般先铺上海绵桌垫，再铺上桌布，这样可以防止桌布与餐桌间的滑动，也可以降低餐具与餐桌之间的碰撞声。摆装饰盘，装饰盘常采用高级的瓷器或银器等。装饰盘的上面放餐巾。装饰盘的左边放餐叉，餐叉的左边放面包盘，面包盘上放黄油刀。装饰盘的右边放餐刀，刀刃朝向左方。餐刀的右边常放一个汤匙。餐刀的上方放各种酒杯和水杯。装饰盘的上方摆放甜品刀和匙。

2. 传统的二人合作式的服务

传统的法式服务是最周到的服务方式，由两名服务员共同为一桌客人服务。其中一名为经验丰富的服务员，另一名是助理服务员，也可称为服务员助手。服务员请顾客入座，接受顾客点菜，为顾客斟酒上饮料，在顾客面前烹制菜肴，为菜肴调味，分割菜肴，装盘，递送账单等。助手帮助服务员现场烹调，把装好菜肴的餐盘送到客人面前，撤餐具和收拾餐台等。在法式服务中，服务员在客人面前会做一些简单的菜肴烹制表演，或切割菜肴和装盘服务，而其助手用右手从客人右侧送上每一道菜。

3. 上汤服务

当客人点汤后，助理服务员将汤以银盆端进餐厅，然后把汤置于熟调炉上加热和调味，其加工的汤一定要比客人需要的量多些，以方便服务。当助理服务员把热汤端给客人时，应将汤盘置于垫盘的上方，并使用一条叠成正方形的餐巾，以使服务员端盘时不烫手，同时可以避免服务员把大拇指压在垫盘的上面。服务员用大汤匙将银盆中的汤装入顾客的汤盘后，再由助理服务员用右手从客人右侧服务。

4. 主菜服务

主菜的服务与汤的服务大致相同，服务员将现场烹调的菜肴分别盛入每一位客人的主菜盘内，然后由助理服务员端给客人。如服务员为顾客服务牛排时，助理服务员从厨房端出烹调半熟的牛肉、蔬菜等，由服务员在客人面前调配作料，把牛肉再加热烹调，然后切好并将菜肴放在餐盘中，同时配上沙拉。

活动三 走进意大利餐厅

信息页 意式西餐及意式菜肴的特点

一、意式西餐的特点

走进意大利餐厅，高雅的意大利乐曲风韵悠长，意式装修风格弥漫每个角落。暖色墙面，棚顶吊灯，小烛台，浅色桌布，处处精致细腻，优雅不浮华。此情此景，仿佛使人置身于意大利卡普里的慢生活中。

意大利历史悠久。早在公元前753年罗马城开始兴建，至公元前2世纪后期，古罗马帝国已经成为当时欧洲的政治、经济和文化中心。而其中的饮食文化也对整个欧洲大陆产生了很大的影响。古罗马饮食被誉为"欧洲大陆烹饪之始祖"，而今天的意大利美食仍誉满全球。

二、意式菜肴的特点

意式菜肴的特点是：原汁原味，以味浓著称。烹调注重炸、熏等，以炒、煎、炸、烩等方法见长。意大利人喜爱面食，做法吃法甚多。其制作面条有独到之处，各种形状、颜色、味道的面条有几十种，如字母形、贝壳形、实心面条、通心面条等。意大利人还喜食意式馄饨、意式饺子等。意式菜肴的名菜有：通心粉素菜汤、焗馄饨、奶酪焗通心粉、肉末通心粉、比萨饼等。

一般大家熟悉的有意大利面食、比萨、意大利调味饭、香醋及意大利式冰激凌、咖啡等。但千万不要以为意大利美食仅限于此。相反，意大利的菜式非常丰富，不同地区、不同镇都各不相同。意大利菜与法国菜相近，多用乳酪、鲜奶。南意大利则大多用番茄、橄榄油。意大利美食与其他国家的不同之处就在于选用食材丰富，并可随意调制，其精髓在于表现自我。意大利菜一般比较适合中国人的口味。

活动四 走进俄式西餐厅

信息页 俄式西餐的特点及服务方法

一、俄式西餐的特点

沙皇俄国时代的上层人士非常崇拜法国，贵族不仅以讲法语为荣，而且饮食和烹饪技术也主要学习法国。但经过多年的演变，特别是俄国地带，食物讲究热量高的品种，逐渐形成了自己的烹调特色。

俄国人喜食热食，爱吃鱼肉、肉末、鸡蛋和蔬菜制成的小包子和肉饼等，各式小吃颇有盛名。

俄式菜肴口味较重,喜欢用油,制作方法较为简单。口味以酸、甜、辣、咸为主,酸黄瓜、酸白菜往往是酒店或家庭餐桌上的必备食品。烹调方法以烤、熏、腌为特色。

俄式菜肴的名菜有:什锦冷盘、鱼子酱、酸黄瓜汤、冷苹果汤、鱼肉包子、黄油鸡卷等。

二、俄式服务方法

1. 餐盘服务

服务员先用右手从客人右侧送上相应的空盘,如开胃菜盘、主菜盘、甜菜盘等。注意冷菜上冷盘(即未加热的餐盘),热菜上热盘(即加过温的餐盘),以便保持食物的温度。上空盘依照顺时针方向操作。

2. 传送菜肴

菜肴在厨房全部制熟,每桌的每一道菜肴放在一个大浅盘中,然后服务员从厨房将装好的菜肴大银盘用肩上托的方法送到顾客餐桌旁,热菜盖上盖子。站立于客人餐桌旁。

3. 分菜服务

服务员用左手以胸前托盘的方法,用右手操作叉和匙,从客人的左侧分菜。斟酒、斟饮料和撤盘都在客人右侧。

提示　　　　　　　　　　服务鹅肝酱

通常是在厨房事先将鹅肝酱装盘,然后再一起放到冰箱内冷藏。在服务时,由助理将已装盘的鹅肝酱送入餐厅,由服务员从客人的右侧进行服务。鹅肝酱一般附有烤好的小三角形吐司,每人2片,吐司要装在面包篮中由助理分派。

任务单　介绍典型西餐厅

向大家介绍上述西餐厅的典型特征,搜集更多信息并做成PPT来与大家分享吧。

任务评价

姓名_____ 班级_____ 综合评价_____

评价项目	具体要求	学生自评		教师评价		企业专家评价	
		分值	得分	分值	得分	分值	得分
专业知识及技能	典型西餐厅相关信息的掌握情况	20		20		20	
	资料丰富	20		20		20	
	语言表达准确、流畅	20		20		20	
专业态度及素养	具备较强的收集资料、提取信息的能力	10		10		10	
小组活动	为了完成团队工作,提前做了充分准备	10		10		10	
	积极参与小组活动,认真思考	10		10		10	
	想法与意见对团队工作有所帮助	10		10		10	
	总计	100		100		100	

在学习的过程中,收获是:

在学习的过程中,不足是:

改进方法和措施有:

任务二 西餐厅的预订服务

工作情境

"走进假日饭店的LoFiLi扒房,恍如时空倒转,犹如置身于19世纪美国得克萨斯州境内的一家小镇餐厅:古朴简约的吧台,柔和暗黄的光线,充满浓郁乡土气息的泥瓷餐具、方巾、草帽等乡间挂饰,尤其是穿梭于身边的服务人员,一个个牛仔打扮,头顶宽边高帽，项系红色方巾，为顾客献上正宗美式烤肉。"这是一间多有情调的西餐厅啊！张先生最终决定在这里宴请贵宾，于是拨通了该餐厅的订餐电话……

具体工作任务
- 掌握接受客人电话预订的服务程序；
- 掌握接受客人当面预订的服务规范；
- 熟练填写预订单。

活动一 学习怎样接受预订

预订服务是西餐厅服务准备工作中很重要的环节。一方面可以提前做好人员、物品及卫生等方面的接待准备，有利于帮助餐厅有效管理餐位安排；另一方面可以使餐厅提前占领客源市场，提高客人的上座率；更重要的是，可以从客人的预订中得到更多的信息，建立客史档案，以进一步了解客户的喜好，并在他们来用餐时主动提供相关服务，从而建立起良好的客户关系，提高餐厅的营业额。

信息页 预订服务

餐厅由迎宾员或领班负责接受客人的电话预订或面谈预订，其具体内容如表5-2-1所示。

表5-2-1 预订服务

主要预订方式	接受预订服务	
电话预订服务	接受预订	1. 在电话铃响3声之内拿起听筒接电话 2. 接听电话首先用英文问好，并主动报出餐厅名称及自己的姓名 3. 如遇对方没有反应，即用中文问好："您好，××西餐厅，请问需要帮忙吗？"
	了解需求	1. 在接受订座时，必须登记客人的姓名、人数、就餐时间、房间号码及特殊要求等 2. 征得客人同意后为其安排相应的包房或餐台，并告知客人包房号或餐台号
	复述确认	1. 重复客人的预订内容，并请客人确认是否正确 2. 请客人留下联系电话及姓名 3. 告知客人所订餐位的最后保留期限 4. 真诚地向客人道谢、道别 5. 等客人挂上电话后，才能挂电话
	记录通知	1. 立即将预订情况准确无误地填写在预订表上 2. 将预订内容及时通知餐厅有关人员 3. 将预订单妥善存档

(续表)

主要预订方式		接受预订服务
当面预订服务	接受预订	1. 客人来到餐厅，引位员礼貌问候客人，问清客人来意，将客人引至订餐处 2. 预订员看到客人到来，先礼貌问好，再自报身份
	了解需求	1. 礼貌询问客人的姓名、房号、预订人数、用餐时间、电话号码，以及特别要求，了解客人的付款方式 2. 当客人讲述订餐要求时，认真倾听，并做好必要的记录，最好不要随意打断客人的讲话 3. 应主动向客人介绍餐厅设施和菜单，做好推销工作，并回答客人的所有提问，也可带客人参观餐厅。如："×先生，我们的餐厅有……特色菜有……"
	复述确认	1. 将客人的要求认真填入订餐单中 2. 订餐单填好后，应向客人复述，并请预订客人签名 3. 请客人留下姓名及联系方式 4. 告知客人所订餐位的最后保留期限 5. 真诚地向客人道谢、道别
	记录通知	1. 立即将预订情况准确无误地填写在预订表上 2. 将预订内容及时通知餐厅有关人员 3. 将预订单妥善存档
预订单主要内容		预订单的设计应根据酒店实际情况来决定，一般应包括下列项目： 1. 预订人姓名、房号、联络电话 2. 用餐的日期、时间 3. 预订人数 4. 收费标准及付款方式 5. 用餐特殊要求 6. 接受预订的日期，经办人姓名

知识链接　预订工作中需要注意的事项

（1）预订员应坚守岗位、忠于职守、礼貌热情、平等待客、耐心细致、讲求效率。

（2）按规定着装，提前10分钟到岗，清扫所辖卫生区卫生。

（3）工作期间一要站立，二要微笑，三要问候，接听电话使用服务用语，口齿清楚、语调轻柔、语速适中。

（4）全面掌握本餐厅经营信息，了解当餐菜肴、酒水的价格变动情况。

（5）接受客人订餐电话时，应及时为客人提供本餐厅的各种菜品及价位。

（6）认真做好预订登记，请客人留下联系电话，预订结束后向客人致谢。

（7）及时将预订信息通知相关岗位人员，并做好变更等有关工作。

（8）本着节能降耗的原则，合理安排使用厅堂。

任务单 模拟预订服务

一、小组内模拟预订情境,设计并填写预订单。

二、在小组内尝试分角色模拟预订情境,练习电话预订、当面预订的服务程序。

活动二 了解怎样预留餐位

接受完客人的预订后,接下来就要为客人预留餐位,具体该如何操作呢?在这个活动中我们一起来学习预留餐位的方法。

信息页 预留餐位的方法

(1) 根据预订登记表所记客人人数及客人特殊要求,选定餐桌。

(2) 在选定的餐桌上放置留座卡,其显示的文字须向着餐厅的入口。

(3) 如果预订者是常客,应根据客人的习惯预留餐厅最好的座位。

任务单 尝试预留餐位

依据预订单上的内容,在小组内尝试完成预留餐位的工作。

任务评价

姓名_____   班级_____   综合评价_____

评价项目	具体要求	学生自评		教师评价		企业专家评价	
		分值	得分	分值	得分	分值	得分
专业知识及技能	1. 熟知预订服务流程	20		20		20	
	2. 熟练完成电话预订和当面预订服务	40		40		40	

(续表)

评价项目	具体要求	学生自评		教师评价		企业专家评价	
		分值	得分	分值	得分	分值	得分
专业态度及素养	在接受客人预订服务中具备较强的服务意识和专业技能	10		10		10	
小组活动	为了完成团队工作,提前做了充分准备	10		10		10	
	积极参与小组活动,认真思考	10		10		10	
	想法与意见对团队工作有所帮助	10		10		10	
总计		100		100		100	

在学习的过程中,收获是:

在学习的过程中,不足是:

改进方法和措施有:

任务三 西餐厅的餐前准备

工作情境

LoFiLi扒房内,你和你的同事正在井然有序地为即将开始的营业准备着……准备工作中我们应该在哪些方面注意些什么呢?

具体工作任务

- 学习餐前准备工作的具体内容及要求;
- 熟知西餐厅餐台的准备;
- 熟知工作台的准备。

活动一 了解环境、物品的准备工作

餐前准备虽然宾客看不见,但它是接待宾客用餐服务工作中的重要环节。将餐前准备

工作做得井井有条，可使餐中营业高峰时段显得忙而不乱，亦可使厨房的菜肴品质和餐厅的整体管理水平得到提升。餐前准备充分与否，将影响整个餐厅的营运。

信息页 如何进行环境、物品的准备（如表5-3-1所示）

表5-3-1 餐前准备工作

准备内容	具体工作要求
环境的准备	1. 保持餐厅整洁卫生，空调温度适宜 2. 检查餐厅设施设备是否完好，保证音响、照明及其他设备运转正常 3. 检查桌椅是否整齐，有无破损，如有应及时更换，保证客人的用餐安全
物品的准备	1. 金属类：开胃品刀、开胃品叉、汤匙、鱼刀、鱼叉、主餐刀、主餐叉、牛排刀、黄油刀、甜品叉、甜品勺、水果刀、水果叉、咖啡勺、服务叉、服务勺等。另外还应备好龙虾叉、龙虾钳、蜗牛夹、蜗牛叉等用具 2. 瓷器类：装饰盘和各种规格的餐盘及面包碟、咖啡杯、咖啡碟、盐椒瓶、花瓶等 3. 杯具：水杯、红葡萄酒杯、白葡萄酒杯、香槟杯、鸡尾酒杯、利口酒杯、啤酒杯等 4. 服务用具：托盘、菜单、酒水单、开瓶器、红酒篮、冰桶、烛台、蜡烛、洗手盅、餐巾纸等 5. 酒水饮料等：备好各种酒水饮料，提前备好冰水 6. 调味品：准备芥末、盐椒瓶、柠檬角、辣椒汁、番茄酱、奶酪粉以及各种沙拉酱等
餐前其他准备工作	1. 个人仪容仪表 2. 餐前例会 (1) 总结前一天的营业情况，提出当天的工作要点，如已发生过的服务缺陷和失误及解决办法和预防方法等 (2) 强调当日营业的注意事项，如熟悉当天的特色菜肴、菜品供应、推荐等，了解当日客情、已预订客人的特殊要求、VIP接待注意事项等

任务单 环境物品的准备

一、你能概括出餐前环境准备工作的具体内容吗？
二、你知道扒房常用的酒具、餐具及其他用品有哪些吗？

活动二 了解餐台、工作台的准备工作

信息页一 如何准备餐台

餐台的准备工作是重中之重，也是西餐厅服务水平和能力的重要体现。餐台究竟如何来布置呢？餐具该如何摆放呢？具体如表5-3-2所示。

表5-3-2　餐台准备工作

项目		具体工作要求
摆放桌椅		根据餐厅布局,摆放餐桌和餐椅
铺台布		一般餐台上需要铺3层:桌垫、台布和装饰布。要求台布正面朝上,中线相对,台布两边压角部分做到均匀、整齐、美观,且要一次铺到位
摆放餐具	装饰盘	摆台定位一般使用精美的装饰盘。要求装饰盘上图案或店徽正面朝上,各盘之间摆放距离均匀,盘边距离桌边1~2cm
	餐具、面包盘	装饰盘的右边1cm处摆放餐刀,刀刃朝左,刀柄距离桌边2cm。餐刀的右边1cm处摆放汤勺,勺柄距离桌边2cm。装饰盘的左边1cm处摆放餐叉,叉柄距离桌边2cm。餐叉的左边1cm处摆放面包盘,面包盘上右侧摆放黄油刀
摆放餐具	水杯	水杯摆放在餐刀上方1cm处
	餐巾	将折好的餐巾摆放在装饰盘上。一般西餐厅选用一种盘花进行摆台,简洁明快、整齐划一
	其他	摆放盐椒瓶、花瓶、烛台,一般花瓶放在桌子中央,花瓶前摆盐椒瓶,左盐右椒,盐椒瓶前面放牙签筒,桌垫摆在桌子正中央
	检查调整	检查餐具摆放是否规范,有无遗漏,若有应及时调整

知识链接

摆台服务

（1）摆台前,应将摆台所用的餐、酒用具进行检查,发现不洁或有破损的餐具要及时更换,要保证用品干净、光亮、完好。摆放时,手不可触摸盘面和杯口。

（2）摆台时,要用托盘盛放餐具、酒具及用具。摆放金、银器皿时,应佩戴手套,保证餐具清洁,防止污染。

信息页二　工作台的准备

一、工作台的作用

工作台是上菜、撤餐的中转站,更是餐厅仓库的中转站。

二、工作台的设置

根据餐厅餐台的多少,配备相应数量的工作台。工作台一般设于餐厅的四周靠墙壁附近,其面积大小可根据餐厅的面积而定。

三、工作台的使用

工作台内物品分类摆放,且摆放整齐。同时,要始终保持工作台的清洁整齐。

任务单 练习西餐厅的摆台

在小组内尝试摆台实训练习。

地点：西餐实训教室。

用具准备：西餐餐台、托盘、餐具及各种必备服务用具。

评价标准：参见本任务的"任务评价"。

任务评价

姓名_____   班级_____   综合评价_____

操作项目	具体要求	学生互评		教师评价		企业专家评价	
		得分	分值	分值	得分	分值	得分
准备工作	程序准确	5		5		5	
	项目齐全	4		4		4	
	条理清晰	4		4		4	
	操作卫生	3		3		3	
摆放餐椅	程序准确	4		4		4	
	动作规范	4		4		4	
	效果良好	4		4		4	
铺设台布	程序准确	4		4		4	
	动作规范	4		4		4	
	操作卫生	4		4		4	
	效果良好	4		4		4	
摆放餐具	程序准确	6		6		6	
	动作规范	6		6		6	
	操作卫生	4		4		4	
	美观、整齐	5		5		5	
餐巾折花	程序准确	5		5		5	
	动作规范	5		5		5	
	操作卫生	5		5		5	
	效果良好	4		4		4	
检查调整	程序准确	4		4		4	
	动作规范	4		4		4	
	操作卫生	4		4		4	
	效果良好	4		4		4	
总计		100		100		100	

(续表)

操作项目	具体要求	学生互评		教师评价		企业专家评价	
		得分	分值	分值	得分	分值	得分
企业评语：							
在学习的过程中，收获是：							
在学习的过程中，不足是：							
改进方法和措施：							

任务四 西餐厅对客服务

工作情境

可口的菜点酒水，只有配以优质的对客服务，才能真正满足宾客的餐饮需求。优质的服务虽不能掩盖或弥补粗劣菜点酒水带给客人的不满，但可口的菜点酒水肯定会因不良的服务而变得难以下咽。由此可见，从某种程度上来讲，对客服务比美味佳肴更能满足客人的需求。优质的对客服务包括良好的服务态度、丰富的服务知识、娴熟的服务技能和适时的服务效率等。

具体工作任务

- 掌握西餐厅服务流程；
- 熟知迎宾服务的要求；
- 掌握点菜服务的方法；
- 掌握酒水服务的方法；
- 掌握用餐服务的工作内容；

- 熟知结账服务应注意的事项；
- 熟知送客服务的要求。

只有掌握西餐厅对客服务流程(如图5-4-1所示)及标准，才能高质量地服务宾客。

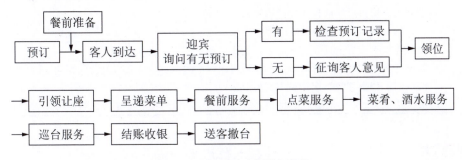

图5-4-1　西餐厅对客服务流程

活动一　学习西餐厅迎宾服务

迎宾是餐厅的门面，是餐厅形象的窗口，仪容仪表、礼貌素质、服务水准给客人留下的第一印象，对餐厅的形象服务会产生重要影响。迎宾工作的好坏能够影响和调节整个餐厅的气氛。怎样才能做好迎宾服务呢？在下面的活动中你将找到答案。

信息页　怎样进行迎宾服务

西餐厅迎宾服务的流程及标准，如表5-4-1所示。

表5-4-1　迎宾服务的流程及标准

服务流程	服务标准
迎接客人	1. 迎宾员站在餐厅门口迎候客人，应做到表情自然、热情、亲切 2. 客人来到餐厅，迎送员应面带微笑，主动上前问好。一般说："Good evening, sir/madam.Welcome to ××, do you have a reservation？"（晚上好，请问您是否有预订？） 3. 如果客人已预订，迎送员应热情地引领客人到预留的餐台 4. 如果客人没有预订，迎送员应礼貌地将客人引领至其他合适位置的餐桌
引领客人	1. 询问客人就餐人数后，礼貌地将客人带到满意的餐台前，可以说： "How many persons in your party？"（请问您有几位？） "This way please！"（请这边走！） "How about this table？"（这张台怎么样？） 2. 引领客人时应走在客人前方约1m处，把握好客人与自己的距离，切忌只顾自己走在前面，而把客人落在后面 3. 离开前，对客人说："Enjoy your lunch/dinner，please！"（请享用！）

(续表)

服务流程	服务标准
拉椅让座	1. 当迎宾员把客人带到餐台边时，服务员应主动上前协助为客人拉椅让座 2. 站在椅背的正后方，双手握住椅背的两侧，后退半步，同时将椅子拉后半步 3. 用右手做一个"请"的手势，示意客人入座 4. 在客人即将坐下的时候，双手扶住椅背两侧，用右膝盖顶住，同时将椅子轻轻往前送，让客人不用自己移动椅子便能恰好入座 5. 拉椅、送椅动作要迅速、敏捷，力度要适中，不可用力过猛，以免撞到客人
铺上餐巾	1. 按先女士后男士、先客人后主人的次序顺时针方向依次进行 2. 站在客人的右手边拆开餐巾，左手提起餐巾的一角，使餐巾的背面朝向自己 3. 用右手拇指和食指捏住餐巾的另一角 4. 采用反手铺法，轻盈快捷地为客人铺上餐巾，以避免右手碰撞到客人身体

知识链接

引领入位服务

引领入位服务时，要注意做到：

（1）先为女士拉椅，将其安排在面朝餐厅的最佳位置，并热情帮助其就座；

（2）年轻的客人应安排在餐厅靠里边的位置上；

（3）老年人或残疾人则安排在离门口较近的地方；

（4）年轻的情侣可尽量安排到靠近窗户并能看到窗外景色的位子上；

（5）服装漂亮的客人可以烘托餐厅的气氛，尽可能安排在餐厅的中央位置或显眼地方；

（6）如果是几位提公文包、衣着整齐的客人进来，可尽量安排在不受干扰的位置上；

（7）在用餐高峰期，餐厅暂时没有空座位的时候，要另备椅子让客人稍候，并表示歉意，一有空位应立即安排。

任务单　练习迎宾服务

在小组内尝试分角色进行迎宾服务实训练习。

地点：西餐实训教室。

活动二 学习西餐点菜服务

点菜服务看似简单，但要达到让客人满意的效果，却不是一件简单的事情。客人对菜食的喜好程度不同、饮食习惯不同、对餐厅供应菜品的熟悉程度不同、对菜品风味和价格的要求不同，这些都需要在进行点菜服务的过程中予以重视，并适时灵活地调整和运用相关策略与技巧。

信息页 如何进行西餐点菜服务

西餐点菜服务的流程及标准，如表5-4-2所示。

表5-4-2 点菜服务的流程及标准

服务流程	服务标准
递送菜单	1. 客人入座后，值台服务员上前问好，并从客人的右侧递上打开至第一页的菜单 2. 让客人考虑片刻，再上前为客人点菜 3. 如是晚餐，应点燃蜡烛
服务开胃酒	1. 首先询问客人喝什么开胃酒，作相应介绍和推荐 2. 记录客人所点开胃酒，重复点单内容 3. 去吧台领取开胃酒，为客人服务开胃酒 4. 遵循先女士后男士、先宾后主的原则，从客人右侧服务 5. 如客人不需要开胃酒，则为客人倒上冰水
服务面包、黄油	1. 黄油碟放于面包碟正上方约1.5cm处 2. 备叉、匙各一件，置于面包篮的一端，匙柄、叉柄向右，面包篮里备好各款面包 3. 在客人的左侧上面包，左手持面包篮身体微前倾，将面包篮送到客人的左前方，礼貌地请客人选择喜欢的面包品种，然后右手持叉和匙将面包夹送至客人的面包碟里 4. 每服务完一位客人要将匙和叉放回篮子里，同时后退一步再转身为下一位客人服务，千万不可将面包篮直接从客人头上绕过去；服务另一位客人时再从篮子里拿起叉和匙
点菜服务	1. 站在客人左侧为其点菜，并遵循女士优先、先宾后主的原则 2. 主动向客人介绍当日特色菜 3. 记录客人所点菜品并重复点单，记录客人的特殊要求，如牛排制作的成熟度、所需配料、调味汁品种等 4. 点菜结束离开前感谢客人 5. 随后立即将点菜单送至厨房

任务单 点菜服务

在小组内尝试分角色进行点菜服务实训练习。

地点：西餐实训教室。

用具：西餐餐台、菜单及西餐服务用具。

活动三 学习西餐酒水服务

在西餐厅中你知道怎样为宾客服务酒水吗？在下面的活动中你将了解酒水服务的操作流程。

信息页一 酒水点单服务知识

西餐的酒水服务主要分为餐前酒服务、佐餐酒服务、甜食酒服务和餐后酒服务几个阶段。佐餐酒的服务主要根据客人所点的菜肴进行搭配。

一、西餐菜肴与酒水的搭配规律

1. 餐前酒

餐前酒，又称开胃酒，它是在正式用餐前饮用的酒水，或在吃开胃菜时与之搭配。一般情况下，人们在餐前喜欢饮用的酒水有鸡尾酒、味美思和香槟酒。

2. 佐餐酒

佐餐酒，是在正式用餐期间饮用的酒水。西餐里的佐餐酒通常为葡萄酒，而且大多数是干葡萄酒或半干葡萄酒。在正餐或宴会上选择佐餐酒，有一条重要的讲究不可不知，即鱼肉、海鲜、鸡肉类的菜肴，须以白葡萄酒搭配；牛肉、羊肉、猪肉类菜肴，则应配以红葡萄酒。

3. 餐后酒

餐后酒，是在用餐之后用来帮助消化的酒水。最常见的餐后酒是利口酒。最常用的餐后酒，则是有"洋酒之王"美称的白兰地酒。

二、酒水点单服务

(1) 从客人的右侧递上酒水单。

(2) 为客人点酒水饮品时，应该站在客人的右手边或适当的位置上，询问客人需要哪些饮品或酒水。

(3) 介绍饮品、酒水的品种时，中间应有所停顿，让客人有考虑和选择的机会。

(4) 当客人犹豫或询问有哪些饮品、酒水时，应马上根据客人所点的菜品向其推荐餐厅所供应的相应饮品、酒水的品种，注重菜品与酒水的搭配。

(5) 在酒水订单上记录每位客人所点的酒水。酒水订单一般一式三联，第一联交收款台以备结账，第二联到吧台领取酒水，第三联自留备查。

(6) 对客人所点的饮品、酒水的种类、数量，要重复一遍，以便确认。

(7) 礼貌地请客人稍候，并尽快为客人提供饮品、酒水。

信息页二　如何进行酒水服务

西餐厅服务员根据客人所点酒水，到吧台领取，最好在5分钟之内完成；准备相应的服务用具及酒杯，如红酒篮、冰桶、开瓶器、餐巾等；撤下餐前饮品杯具，如客人仍未喝完，则须等客人用完后再撤走；根据客人所点酒水摆放相应酒具后为客人服务酒水。酒水服务如表5-4-3所示。

表5-4-3　酒水服务

服务内容	服务标准
红葡萄酒服务	1. 检查酒瓶：酒标是否完整，瓶盖是否完好，瓶内是否有沉淀，确保瓶身美观 2. 准备好红酒篮，垫上白色餐巾 3. 展示酒瓶，将红酒放入酒篮，酒标向上至客人右手边，展示酒的产地、年份特点等 4. 开酒：用酒刀打开酒，注意不要发出声音或溅出酒水 5. 展示瓶塞：将酒塞放至客人面前 6. 品酒：给主人倒入大约30mL红酒，请主人品尝 7. 斟酒：主人品尝后，按先女士后男士、先主宾后主人的顺序将酒倒入红酒杯约1/2满 8. 将红酒篮置于服务桌上
白葡萄酒服务	1. 准备冰桶和冰桶架：冰桶加入约1/2的冰，再加冷水至七分满，准备一条叠成长条形的白口布 2. 检查酒瓶：(同红葡萄酒)检查后将酒放入冰桶，冰桶架放置于客人的桌旁，注意不要离客人太近 3. 示酒：将酒取出并将水擦干，用白口布包住瓶身，酒标向上，向主人展示 4. 开酒：用酒刀打开葡萄酒，注意不要发出声音或溅出酒水 5. 展示瓶塞：将酒塞放至客人面前 6. 品酒：给主人倒入大约30mL酒，请主人品尝 7. 斟酒：主人品尝后，按先女士后男士、先主宾后主人的顺序将酒倒入白葡萄酒杯约1/3满 8. 斟酒完后，将酒瓶放入冰桶中，保持温度

(续表)

服务内容	服务标准
香槟酒服务	1. 准备冰桶和冰桶架：冰桶加入约1/2的冰，再加冷水至七分满，准备一条叠成长条形的白口布。在客人的水杯右侧放香槟杯，间距1cm 2. 检查酒瓶：(同红葡萄酒)检查后将酒放入冰桶，冰桶架放置于客人的桌旁，注意不要离客人太近 3. 示酒：将酒取出并将水擦干，用白口布包住瓶身，酒标向上，向主人展示 4. 开酒：用酒刀将瓶口处的锡纸割开去除，左手握住瓶颈，同时用大拇指压住瓶塞，右手将捆扎瓶塞的铁丝拧开，取下；用干净口布覆在瓶塞顶部，左手依旧握住瓶颈，右手握住瓶塞，瓶口应对向无人的区域，双手同时反向转动并缓缓地向上提瓶塞，直至瓶内气体将瓶塞完全顶出 5. 展示瓶塞：将酒塞放至客人面前 6. 品酒：给主人倒入大约30mL酒，请主人品尝 7. 斟酒：主人品尝后，按先女士后男士、先主宾后主人的顺序将酒倒入香槟酒杯约1/2满 8. 斟完酒后，将酒瓶放入冰桶中，保持温度

🔖 任务单　练习酒水服务

一、在小组内尝试分角色进行红葡萄酒服务实训练习。

二、在小组内尝试分角色进行白葡萄酒服务实训练习。

三、在小组内尝试分角色进行香槟酒服务实训练习。

地点：西餐实训教室。

用具：各种酒、酒杯及必备服务用具。

活动四 学习西餐用餐服务

西餐服务礼仪强调的是一种浪漫的气氛和高雅的格调,因此,对西餐服务人员也有更高的要求。

信息页一 西餐服务的主要特点

西餐是一种讲究礼仪、规格、格调高雅的餐饮文化。西餐服务更是一种优雅、规范、体贴入微的服务方式。

一、菜肴服务中要征询客人的选择和意见

例如:

(1) 如果客人点了牛排,服务员必须问清客人需要几成熟。

"How would you like your steak done, sir?"

"Well done, medium well, medium, medium rare or rare?"

(2) 如果客人点沙拉,要问清客人需要何种沙拉汁。

"What kind of salad dressing would you like to have?"

(3) 在客人面前烹制凯撒沙拉时,要将各种调料端给客人看,征询客人是否要放全每种调料。

(4) 如果客人点煎蛋,要问清是双面煎还是单面煎。

二、服务员的知识水平和技能要求高

(1) 西餐服务员必须熟练掌握英语,至少能与客人进行简单的交流和对话,要掌握常用的专业词汇。

(2) 要全面了解西餐菜肴、酒水等方面的知识。

(3) 西餐扒房服务员,还相当于半个厨师,有些菜肴要当着客人的面切牛排、煎牛排、做沙拉、制作甜品。客人可以边吃边欣赏服务员的表演,这就要求服务员具有较高的服务技能。

(4) 服务要体现标准化、规范化。

三、注重服务礼仪，体现高雅气质

西方人是非常注重西餐礼仪的。西餐服务员应注重服务礼仪、仪表仪容、形象气质。扒房服务员以男性为主，着紧身西装佩戴领结，或穿燕尾服佩戴领结。女引座员一般着西式拖地长裙，长裙以黑、红等深色为多。所有服务员都能熟练地用英语会话，有些扒房还要求服务员懂法语。

信息页二　西菜的主要特点

一、口味香醇、浓郁

(1) 西菜多用奶制品，如鲜奶油、黄油、干酪等。

(2) 西菜的调料、香料品种繁多。烹制一份菜肴往往要使用多种香料，如桂皮、丁香、肉桂、胡椒、芥末、生姜、大蒜、薄荷、香草、荷兰芹、蛇麻草、驴蹄草、洋葱等。

(3) 西菜常将葡萄酒作为调料，烹调时讲究以菜配酒，做什么菜用什么酒。

二、烹调方法独特

常用的西餐烹调方法有煎、焗、炸、烤、烩、烘、蒸、熏、炖、煮、扒、铁扒、铁板煎等。其中铁扒、烤、焗在烹调中更具特色。

(1) 铁扒(Grill)是以金属直接传热而使原料成熟的烹调方法。

(2) 烤(Roast)是一种利用辐射热能使原料成熟的烹调方法。

(3) 焗(Bake)与烤类似，不同之处在于，是把经加工切配、调好味的原料，加入沙司、蔬菜或较湿的原料，再进行烤制的烹调方法。

三、调味沙司与主料分开烹制

(1) 沙司意为调味汁，在西餐中占有很重要的地位。厨房中设有专门的厨师制作，不同的菜肴制作用不同的沙司，在使用时严格区分。

(2) 西餐菜肴在形态上以大块为主，很少把主料切成丝、片、丁等细小形状，如大块的牛排、羊排、鸡、烤肉等。大块原料在烹制时不易入味，所以大都要在菜肴成熟后伴以或浇上沙司。

四、注重肉类菜肴的老嫩程度

(1) 欧美人对肉类菜肴,特别是牛肉、羊肉的老嫩程度很讲究。一般有5种不同的成熟度,即全熟(Well Done)、七成熟(Medium Well)、五成熟(Medium)、三成熟(Medium Rare)、一成熟(Rare),如表5-4-4所示。

表5-4-4 肉类菜肴成熟度

成熟度	英文缩写
全熟	W.D
七成熟	M.W
五成熟	M.
三成熟	M.R
一成熟	R.

(2) 值台员在接受点菜时,必须问清宾客的需求,以便厨师按宾客的口味进行烹制。

信息页三　如何进行西餐用餐服务(如表5-4-5所示)

表5-4-5 西餐用餐服务

服务项目	服务内容
菜品服务	1. 根据客人所点菜品撤换或补充餐具。撤换餐具时不可将客人所要用的餐具全部一次性摆上台,而应在下一道菜未上前及时撤换一套相应的餐具 2. 从客人右侧服务各类菜品,左侧送上面包、黄油。依次从客人右侧服务开胃菜、汤、沙拉、主菜、甜品、咖啡或茶 3. 客人每用完一道菜,应将所用餐盘及餐具一起撤下 4. 客前烹制菜肴。如为客人切牛排,或在客前烹制车上制作沙拉或甜品等。此项服务要求服务员具有娴熟的服务技能,注意操作安全和卫生,以烘托餐厅气氛,提高客人用餐兴趣 5. 服务主菜 (1) 主菜的最佳部位靠近客人摆放 (2) 主菜的沙拉要立即跟汁,沙拉盘应放在客人的左侧 6. 服务甜品、水果 (1) 推荐甜点、咖啡、茶:在客人右侧送上甜品单,同时推荐时令水果、雪糕、芝士、咖啡、茶等 (2) 上甜品之前先撤下除酒杯以外的餐具,包括主餐盘、主餐餐具、面包盘、黄油碟、盐椒瓶、面包篮等 (3) 用一块叠成四方块的口布进行扫台 (4) 摆好甜品叉勺 (5) 推荐餐后酒:酒水员将餐后酒车推至桌前,推荐餐后酒,并进行餐后酒服务 7. 服务咖啡或茶 (1) 服务咖啡或茶之前应先摆好糖缸和奶缸 (2) 咖啡杯或茶杯放在客人的右手边

(续表)

服务项目	服务内容
巡台服务	1. 添酒：酒杯里的酒不能少于1/3，如酒瓶已空，要展示给客人看，待主人认可后方可将空瓶收回 2. 添冰水：水杯里的水少于1/3时也要添加 3. 添黄油：如客人还在吃面包，而黄油碟里的牛油已少于1/3时可添 4. 添面包 5. 撤餐盘、餐具：视客人用餐情况及时撤下餐盘、餐具 6. 撤空饮品杯，并推荐其他饮品 7. 清洁桌面：客人用完主菜后，除水杯(包括有饮料的玻璃杯)、花瓶、烛台外，应按顺时针方向将餐桌的其他餐具撤下

信息页四　奶酪服务(如表5-4-6所示)

表5-4-6　奶酪服务

服务内容	具体要求
奶酪服务	1. 点单。主菜的清理结束，沙拉服务之后再请客人点单。如客人事先点单，则服务人员应避免在午餐或晚餐开始时就下单，过早准备不利于保证奶酪的品质 2. 奶酪服务方式 (1) 餐盘奶酪服务。餐盘必须由多种奶酪构成，且奶酪的口味品质要选择深受客户赞赏的品种。在传统饮食中，适当分量的奶酪(不论品种多少)总重量约为60g (2) 自助奶酪服务。将不同品种的奶酪放在移动餐车中，在客人选择时最好将餐车放在客人右边，并建议由服务人员进行切割。当客人数量较多时，为保证服务效率与质量，在切第一种奶酪时便可以问客人第二种选择是什么

任务单　用餐服务

在小组内尝试分角色进行用餐服务实训练习。

地点：西餐实训教室。

用具：餐台、餐具、托盘及其他必备服务用具。

评价标准：参见用餐服务具体要求表。

活动五 学习结账服务

结账在餐饮服务中属于收尾工作，它意味着整个餐饮服务的结束。按高标准要求，在这个阶段中服务仍不能松懈，而应当继续精益求精，按程序的要求把工作做好，及时汇总结账，以免出现错单、漏单或跑单等情况。

信息页一 结账服务的内容及要求(如表5-4-7所示)

表5-4-7　结账服务的内容及要求

服务内容	具体要求
结账准备	1. 在为客人上完菜之后，值台员要到收银处核对账单 2. 当客人要求结账时，应请客人稍等，然后立即去收银处取回账单 3. 核查账单上的台号、人数、菜品及饮品消费额是否准确 4. 将账单放在账单夹内，注意要确保账单夹打开时，账单的正面正好朝向客人 5. 准备好结账用笔
递交账单	值台员走至主人/结账客人右侧，打开账单夹，右手持账单夹上端，左手轻托账单夹下端，递至主人/结账客人面前，请其检查，注意不要让其他客人看到账单，并说："先生，这是您的账单。"
结账服务	客人结账的方式常有现金支付、签单、信用卡或支票等 1. 客人用现金结账 如果客人用现金结账，应当面点清，并报数据，请客人稍等，将现金送到收银处，将零钱、票据点清后，双手送交给客人，等客人点清后，后退半步，方可离开 2. 客人用信用卡结账 如果客人用信用卡结账，应请客人稍等，将信用卡送到收银处，收银员做好信用卡收据后，检查无误，放在收银夹内，从右侧递给客人并递上笔，请客人在收据上签字，并核对客人签名与信用卡上的签名是否一致，将中间一页即"持卡人存根"及发票留给客人，将剩下的收据送到收银处 3. 客人签字结账 如果客人签字结账，首先应弄清客人的身份，并在签单协议的客户名单中查找相关资料(如具有签单资格者的基本情况等)，核对无误后方可签单，并请客人留下有效的联系方式。还应为客人指点签字处，并核对签名、房号或签单单位

信息页二 结账服务的注意事项

(1) 服务员要在客人提出结账之前，清点好客人所消费项目及费用，以备客人提出结账要求时，及时、准确地送上账单。

(2) 应在客人主动提出结账时方可为客人结账。

(3) 问清客人是统一结账，还是分开结账。

(4) 呈送账单前将账单与小票复核一下是否相符。

(5) 从客人的左手边用收银夹双手送上账单："这是您的账单。"然后略后退。

(6) 不要报出账单的金额，可用手示意价格处，让客人核对。

(7) 注意先上小毛巾，后递账单。

(8) 结账完毕，真诚地向客人道谢："谢谢，欢迎下次光临。"

(9) 应记住，客人结账后并不等于服务的终止，而应继续为客人提供其需要的相关服务，如斟茶、送茶水等，直至客人离开。

> **任务单　结账服务**
>
> 在小组内尝试分角色进行结账服务实训练习。
> 地点：西餐实训教室。
> 用具：餐台、托盘及结账单等必备服务用具。
> 评价标准：参见结账服务具体要求表。

活动六　了解送客服务

在服务过程中，我们很多时候都会忽略服务的一个细节，那就是在客人结完账离开餐厅时，我们的送别工作。其实这也是一个非常重要的环节，我们不但要热情地接待客人，还要给客人留下美好的印象，所以要注意送客的一些细节，真正做到礼貌、耐心、细致、周全，使客人高兴而来、满意而归。

信息页一　送客服务的具体要求

送客是礼貌服务的具体体现，表示对宾客的尊重、关心、欢迎和爱护。

(1) 领班或值台服务员应征询客人的满意度并感谢客人。

(2) 客人起身离座时，应主动为其拉开座椅。

(3) 主动提醒客人带好自己的随身物品。

(4) 为客人递上衣帽，在客人穿衣时配合协助："这是您的衣帽，我来为您穿上。"

(5) 微笑着向客人道别，把客人送至餐厅门口(或电梯口)，感谢客人的光临。

(6) 迎宾员在门口微笑送别客人，并说："谢谢，欢迎再次光临。"

(7) 及时检查客人是否遗忘物品，发现后及时送还客人。

信息页二　送客服务的注意事项

(1) 客人未准备离开时决不能催促。

(2) 注意观察出入餐厅的客人，不要向没用完餐离开座位的客人道别，以免引起客人的误会。

(3) 送客服务的语言要规范、简洁。

(4) 仔细检查有无客人的遗留物品，若有，应及时送还客人或上交餐厅值班经理。

(5) 不要忘记感谢客人的光临并期待下次光顾。

任务单　送客服务

在小组内尝试分角色进行送客服务实训练习。

地点：西餐实训教室。

用具：餐台及其他必备服务用具。

评价标准：参见送客服务具体要求。

任务评价

姓名_____　　班级_____　　综合评价_____

评价项目	具体要求	学生互评		教师评价		企业专家评价	
		分值	得分	分值	得分	分值	得分
开餐前准备	准备工作清晰、有序	5		5		5	
	操作规范	5		5		5	
迎接客人	服务程序流畅	5		5		5	
	动作规范	5		5		5	
点菜服务	熟悉菜单	7		7		7	
	能够适时推介菜品	6		6		6	
酒水服务	斟酒方式正确，酒量适度	7		7		7	
	动作规范	8		8		8	
餐中服务	灵活进行服务	10		10		10	
	相关技能操作规范	10		10		10	
结账服务	快速准确结账	8		8		8	
	服务程序规范	8		8		8	
送客服务	服务程序正确	8		8		8	
	礼貌规范	8		8		8	
总计		100		100		100	

(续表)

评价项目	具体要求	学生互评		教师评价		企业专家评价	
		分值	得分	分值	得分	分值	得分
企业评语：							
在学习的过程中，收获是：							
在学习的过程中，不足是：							
改进方法和措施有：							

任务五 西餐厅餐后工作

工作情境

客人离开餐厅后，你和你的同事立即动手整理餐台，清扫餐厅卫生，为下一餐工作打下良好的基础。

具体工作任务
- 了解餐后环境整理工作内容及要求；
- 熟悉客史档案的建立与整理。

活动一 了解餐后环境的整理

客人离开餐厅后，服务员应该迅速将用过的餐台清理干净，并重新摆台，准备迎接新的客人。这一点对于周转率比较高的西餐厅尤为重要。

信息页　餐后整理工作内容与要求(如表5-5-1所示)

表5-5-1　餐后环境整理的内容与要求

内容		具体要求
收台	清理桌面	1. 用托盘撤离所有餐盘 2. 撤换台布。餐后将脏台布向后折半,再将干净台布向前展开一半铺在桌上;将桌上物件移于干净台布上,再抽去脏台布;将干净台面慢慢拉至定位 3. 调味品瓶、罐如有不洁处,应擦拭好后摆上 4. 用托盘托上干净的餐具,按规定摆设在餐桌上
	清扫地面	1. 清扫地面时倘若有客人还在用餐,应隔开清扫的地方 2. 清扫完毕,座椅归还原位,如有椅垫布应将其放平整 3. 整理好餐厅桌椅卫生,检查环境设施,保持餐厅整洁和环境良好,杜绝能耗浪费
总结		经理检查收尾工作,召开餐后会,作简短总结和接班者进行交接手续,交代遗留问题。同时填写工作记录,整理客人意见并提出下一步工作要点。如是当日结束营业时间,则应关闭各种电器设备,关好门窗

任务单　餐后环境整理

在小组内尝试分角色进行餐后环境整理工作的实训练习。

地点:西餐实训教室。

用具:餐台、餐具、托盘及其他必备服务用具。

评价标准:参见环境整理的具体要求。

活动二　客史档案的建立与整理

酒店每天迎来送往的客人不计其数,而其要求和特点也各不相同,要让与宾客直接接触的员工都能够了解宾客的情况,并充分照顾到宾客的个性化要求会有相当的难度。所以,建立一个详细而不断扩展完善的客史档案系统就显得极为重要。

信息页一　客史档案如何建立

所谓建立客史档案,就是将日常工作中收集到的所有关于客人的信息都详细记录,使之形成一套制度化的系统的规范文本。

一、收集客户信息

建立顾客卡制度,让顾客自己留下信息。顾客卡,亦称顾客信息卡,是酒店为顾客准备的名簿，分别用来记录实际来店的顾客以及未来光临的顾客，其记录方式主要有以下几种。

(1) 开账单时，交给顾客"客人资料登记卡"或问卷表，请顾客离开时交还。

(2) 结账收银时，问清顾客的姓名、地址，并记于顾客名簿上。

(3) 向客人赠送优惠券或贵宾卡，在赠券时请顾客留下姓名、地址等相关信息。

二、筛选汇总信息

收集到足够的顾客信息后，首先要有专人对信息进行筛选整理，然后分门别类进行汇总，存储于计算机信息库中。对于没有进行计算机管理的酒店，可将客史档案编制成册，放置于收银台处，以便及时查阅。

信息页二 客史档案如何管理

(1) 客史档案应分门别类编号或根据行业、系统划分，并按用餐日期排列存档。

(2) 客史档案内容要定期仔细核对，并经常补充调整。客史档案设立后，要注意把顾客每次来就餐的菜单收到客史档案中去，并注明顾客每次来就餐时对菜品的评价，以便作出相应调整。

(3) 客史档案是餐饮部经营和销售活动中的机密文件，除餐饮部领导、厨师长、销售人可借阅外，非经餐饮部经理同意，其他无关人员不得查阅。

(4) 安排专人负责客史档案的整理、编排、清理、存放等。

任务单　自我检验

一、你能概括出客史档案建立的方法吗？

二、你能总结出客史档案管理的方法吗？

任务评价

姓名_____　　班级_____　　综合评价_____

评价内容		互相评价		教师评价		企业专家评价	
		分值	得分	分值	得分	分值	得分
台面清理	工作中注意方法	25		25		25	
	工作有效率	25		25		25	
地面清理	工作中注意方法	25		25		25	
	有协作意识	25		25		25	

(续表)

评价内容	互相评价		教师评价		企业专家评价	
	分值	得分	分值	得分	分值	得分
总计	100		100		100	

企业评语：

在学习的过程中，收获是：

在学习的过程中，不足是：

改进方法和措施有：

参考文献

[1] 何强. 西餐服务[M]. 北京：中国人民大学出版社，2007.
[2] 刘澜江，郑月红. 主题宴会设计[M]. 北京：中国商业出版社，2005.
[3] 单慧芳，李艳. 餐饮服务与管理[M]. 北京：中国铁道出版社，2009.
[4] 王天佑，王碧含. 西餐概论[M]. 3版. 北京：旅游教育出版社，2010.

《中等职业学校酒店服务与管理类规划教材》

西餐与服务（第2版）

汪珊珊 主编　刘畅 副主编
ISBN：978-7-302-51974-4

中华茶艺（第2版）

郑春英 主编
ISBN：978-7-302-51730-6

会议服务（第2版）

高永荣 主编
ISBN：978-7-302-51973-7

咖啡服务（第2版）
荣晓坤 主编　林静 李亚男 副主编
ISBN：978-7-302-51972-0

调酒技艺（第2版）

龚威威 主编
ISBN：978-7-302-52469-4

酒店服务礼仪（第2版）
王冬琨 主编　郝瑛　张玮 副主编
ISBN：978-7-302-53219-4

中餐服务（第2版）
王利荣 主编　刘秋月　汪珊珊 副主编
ISBN：978-7-302-53376-4

前厅服务与管理（第2版）
姚蕾 主编
ISBN：978-7-302-52930-9

客房服务（第2版）
赵历 主编
ISBN：978-7-302-54147-9

葡萄酒侍服

姜楠 主编
ISBN：978-7-302-26055-4

酒店花卉技艺
王秀娇 主编
ISBN：978-7-302-26345-6

雪茄服务
荣晓坤　汪珊珊 主编
ISBN：978-7-302-26958-8

康乐与服务
徐少阳 主编　李宜 副主编
ISBN：978-7-302-25731-8